멘탈을 바꿔야
인생이 바뀐다

멘탈을 바꿔야
인생이 바뀐다

박세니 지음

나의 잠재력을 최대로 끌어올려
100% 성공하는 삶을 사는 방법

 mindset

최근 〈클래스유〉라는 온라인 교육 플랫폼에서 내가 큰 이슈가 됐다. 광고 초반에 나오는 "가난은 정신병이에요."라는 자극적인 멘트가 많은 사람의 불편한 감정을 자극한 것이다.

"이 멘트 어디서 많이 들어봤나 했더니 다단계 회사에서 강연할 때 하는 말이네."
"22년 살며 들은 말 중에 최고의 ×소리."
"딱 사기꾼들이 저렇게 사람 꼬시지. 우리나라 최소 1,500만 명을 죄인과 정신병자로 만드네."

이런 부정적인 반응을 볼 때마다 참 안타까운 마음

이 든다. 나는 가난한 사람을 모두 정신병자로 매도하려는 생각은 전혀 없다. 사실 나도 어린 시절 가난의 늪에서 허우적거렸고, 앞으로 어떻게 살아가야 할지, 어떤 삶을 살아야 할지 감도 잡히지 않았기에 한편으로는 그들의 마음이 충분히 이해된다. 정확히 말하면, 나는 '가난'은 죄가 아니며, 잘못도 아니라 생각한다. 당신이 건강한 멘탈을 갖고, 크나큰 자기 확신으로 미래를 설계한다면, 충분히 빠른 시간 내에 가난은 극복 가능하다.

다만, 오래도록 가난한 자들이 가지고 있는 생각과 가치관은 잘못된 것이 많다. 그들은 옳지 않은 생각을 바꾸지 않고, 스스로를 계속 가난의 늪으로 빠져들게 한다. 그리고 오래되고 잘못된 생활양식을 그대로 답습하면서, 자신의 삶이 나아지지 않는 것에 분개한다. 이것은 단언컨대 정신병이 맞다. 옳지 않은 생각을 바꾸지 않는 한 가난에서 빠져나오는 것은 불가능하다. 아인슈타인도 "어제와 똑같이 살면서 다른 미래를 기대하는 것은 정신병 초기증상이다."라고 말했다.

가난한 사람들은 자신의 정신이나 마인드를 스스로

살피고, 개선하는 것을 힘들어한다. 스스로 있는 그대로 바라보고, 그 사실을 인정하는 것이 쉽지 않기 때문이다. 그리고 정말 안타깝게도 그들 주변에는 비슷한 사람밖에 없어서 그들끼리 계속 잘못된 신념을 나누고, 합리화하는 태도로 일관하면서, 서로의 미래를 점점 더 암울하게 만든다.

하지만 가난한 사람들의 마인드와 나약한 멘탈은 분명히 치료할 수 있다. 그런데도 지금보다 크게 나아질 수 없을 것이라는 생각에 빠져 현실에 대한 불평불만만 하는 것이 아니라, 충분히 인생을 변화시킬 수 있다는 사실을 최대한 많은 사람이 알았으면 하는 마음에 자극적이지만 직설적인 표현을 사용한 것이다.

'정신병'이라는 표현처럼, 인간의 정신구조와 심리적 특성을 전반적으로 이해하고, 제대로 자신을 들여다볼 수 있을 때, 진정한 통찰과 변화가 일어난다. 힘들고 어려운 가정에서, 먹고는 살 수 있을까 고민하던 내가, 현재 월 최소 3억 원 이상을 벌며 새로운 삶을 살게 된 것처럼 말이다.

자동차 왕 헨리 포드는 이렇게 말했다.

"당신이 된다고 생각하든, 안 된다고 생각하든 당신의 생각은 옳다."

된다고 생각하는 사람은 될 수밖에 없는 이유와 그 방법에만 집중해서 그것을 이루어내는 것이고, 안 된다고 생각하는 사람은 계속해서 부정적인 생각과 변명, 그리고 자신을 합리화하는 데에만 몰입하며 살게 된다. 양쪽 모두 자신의 신념과 생각대로 삶을 꾸려나가고, 그 결과 두 쪽 모두 지금의 모습으로 자신의 인생을 증명하는 것이다.

인간은 생각한대로 살아간다. 그래서 부자가 되려면, 반드시 정신과 무의식에 대해 제대로 알고 행동해야 한다. 그래야 모든 생각이 달라지고, 멘탈이 바뀌며, 삶이 놀랍게 변화될 수 있다. 가난에서 벗어나기 위해 가장 중요한 것은, 가난에 집중하는 것이 아니라, 풍요로움에 집중하는 것이다. 이를 위해 필요한 모든 지식과 방법을 이 책에 담았다.

요즘 본의 아니게 화제의 중심이 되어 부정적인 반

응도 많이 받게 됐지만, 그보다 훨씬 많은 사람이 자신의 삶을 변화시키고 싶어 하고, 더 나은 인생을 살고 싶어 하는 욕구를 갖고 있다는 걸 알게 돼 기쁜 마음이 훨씬 더 크다. 부디 이 책을 보는 모든 사람이 스스로를 정확히 파악하고, 원하는 것에 집중해, 훨씬 더 행복한 삶을 살아가길 바란다.

본론으로 들어가기 전에 명확하게 묻겠다. 당신은 부자가 될 준비가 되었는가?

※ 책을 읽기 전, 반드시 봐야 할 영상이다.

저자의 멘탈이 강할 수밖에 없는 이유가 궁금하다면 아래의 영상을 꼭 시청하길 바란다.

 당신이 일본인보다 모르고 살고 있는
영웅 이순신

PART 1

멘탈은
변화시키면 된다

1 어떤 무의식을
선택할 것인가

돈 벌기 쉽다 vs 어렵다

나는 매달 많은 수강생을 만난다. 매번 "돈 벌기 쉬운가요? 어려운가요?"라고 질문하는데 십중팔구 "어렵다."라고 답한다. 이런 대답을 들을 때마다 참 안타깝다. 무의식 가운데 '나는 부자가 될 수 없어.'라는 마음이 자리 잡고 있기 때문이다.

인간은 무의식적으로 어렵다고 받아들인 것은 절대 할 수 없다. 안 된다는 최면을 계속 걸고 있는데 무슨 능력이 나오겠는가. 아무리 뛰어난 환경에 있어도, 좋은 말을 해줘도 어렵다. 그렇게 부정적인 최면을 당한 사람을 구제하려면, 무의식을 뛰어넘는 강력한 힘이 필요하다. 긍정적인 최면 상태를 만들어줄 누군가가 지속적으로 진리를 깨닫게 하고, 습관 형성까지 도와줘야 하는데, 말처럼 쉬운 게 아니다.

나의 직업은 '할 수 있다.'는 최면 상태를 만들어, 삶에 도움 되는 진리를 강력하게 무의식의 영역으로까지 새겨 넣는 일이다. 물론 나 역시 처음부터 잘했던 것은 아니다. 10대 시절, 돈 버는 것이 대단해 보였고, 어려운 줄로만 알았다. 그러나 최면에 대한 이해를 갖추고, 나에게 맞는 최면을 남다르게 활용한 결과, 돈 버는 것이 전혀 어렵지 않게 됐다. 왜냐하면 돈은 생각, 즉 정신과 연결되기에.

결코 특별한 사람만이 가능한 영역이 아니다. 이 책에서 알려주는 방법만 잘 이해한다면, 건강한 멘탈을 갖추게 될 것이고, 돈 버는 일이 어렵지 않다는 사실을 깨닫게 될 것이다.

무의식이 무섭다

이 책을 선택한 대부분은

1. 돈을 많이 벌고 싶거나
2. 인생을 변화시키고 싶거나

둘 중 하나일 것이다. 이 가정하에 지금부터 '부riches'에 초점을 맞추고 이야기해 보겠다.

나는 수강생들에게 "월 1억 원 이상 버는 사람들은 어떤 사람인가요?"라는 질문을 자주 한다. 그러면 "특별한 사람이다.", "괴물이다." 같은 답변이 쏟아진다. 하지만 모두 정답이 아니다. 그들은 특별하거나 타고난 사람이 아니라 고도의 집중력을 가진 사람이다. '아무리 어려워도 나는 반드시 해낸다.'라는 생각을 무의식 속에 설정해 두고, 그 상태에 몰입해 자신의 업을 성장시켜 부자가 될 수 있었다.

만일 '나는 부자가 될 수 없어.'라는 생각을 계속한다면 어떨까? 아무리 열심히 해도 목표한 성과를 이루기도 어렵고, 인생의 주인공이 되지 못한다. 다른 사람의 들러리가 될 뿐 재미없는 일상이 이어진다. 그로써 업에 집중도 못하고, 온갖 잡념에 손톱을 물어뜯는다든지, 다리를 떤다든지, 누가 봐도 보기 좋지 않은 습관이 생기기도 한다. 모두 무의식 세계에서 자신도 모르는 사이 만들어낸 것이다. 결국 집중력, 학습 능력 등 잠재된 실력을 발휘해보지도 못하고, '그럼 그렇지. 나는 뭘 해도 안 돼.'라며 자기 자신을 깎아내린다.

멘탈도 훈련 대상이다

이러한 이유로 한번뿐인 인생을 멋지게 살아내기 위해서는 탁월한 교육을 통해 인간의 멘탈 사용법을 지도하고, 훈련해야 함이 마땅하다. 그러나 아직 우리나라 정규 교육 과정에서는 이걸 가르쳐 주지 않는다. 아무리 뛰어난 스포츠 선수도 감독이 있어야 최고의 기량을 끌어올릴 수 있는 것처럼 인생도 마찬가지다. 훌륭한 감독과 코치와 함께한다면, 자신도 몰랐던 멘탈을 놀랍게 성장시켜 더 좋은 성과를 낼 수 있다. 즉, 정신력도 혼자보다 스승에게 배우는 것이 현명한 방법이다.

"생각대로 된다."고 하지만, 세상은 내가 상상만 한다고 현실이 되지 않는다. 정확하게는 나의 머릿속 상상이 현실이 되도록 도움 줄 사람이 그 상상을 명확히 할 수 있도록 만들어줄 때 비로소, 내가 막연하게 하던 상상이 현실로 이뤄진다. 이를 최면의 개념으로 설명하면, 자기 최면의 수준을 넘어 상대방의 무의식 세계까지 영향을 주고, 바꿔 놓을 수 있어야 현실에서 진정으로 성공하는 사람이 된다.

멘탈을 바꿔야 인생이 바뀐다

2 열정 없는 자의 항변들

최면 저주는 벗어던져라

자신의 꿈을 이루지 못했거나 꿈을 꿔 보지 않은 사람들이 나이가 들어 체념과 푸념 가득 섞인 목소리로 하는 말이 있다. "인생 뭐 있어? 그냥 대충 사는 거지." 이는 최면 저주 또는 부정적 자기암시로, 의미 있는 최면 상태를 만들지 못하게 한다.

누구에게나 최면 상태가 있다. 특히 삶을 치열하게

살아온 사람이라면 각자의 최면 상태를 느낀다. 나도 지금의 직업을 만들면서 나에게 도움을 주는 분들을 만나 설득해 도움을 받고, 수강생들을 변화시킬 수 있었던 것은 '최면 상태'가 가능했던 덕분이다. 나는 일상 속에서도 이 같은 상태를 위해 살아왔고, 그 결과 신의 축복을 받은 듯 원하는 직업을 만들어 많은 사람에게 도움을 주는 행복한 사람이 됐다.

반면 나의 중·고등학교 시절을 떠올리면, 높은 집중력으로 치열하고, 능률 있는 공부를 하지는 못했다. 그 당시에는 열심히 한다고는 했으나 그 방법도 몰랐고, 여느 학생처럼 '적당히' 하는 수준이었다.

그러나 이제 그 원리를 깨우쳤으니, 수강생들이 내가 했던 실수를 답습하지 않도록 고도의 집중 상태로 몰입하고, 각자의 멘탈을 변화시켜 인생을 바꿀 수 있는 방법을 알려주는 것이다. 인생의 그림은 최면으로 달라질 수 있고, 학생들의 공부 또한 최면으로 좌지우지 된다는 사실을.

멘탈 관리가 답이다

인생의 변화는 결국 멘탈에 달려있고, 자신의 삶을 행복하게 만드는 것도 결국 멘탈임을 깨달 아야 한다. 또 이를 통해 자신에 대한 확신으로 삶을 살아 가는 마음가짐을 가져야만 한다. 그렇게 하나하나 깨달은 순간부터 인생은 바람에 흔들리는 갈대처럼 중심 없는 상 태가 아닌 의미 있는 방향으로 이어진다. 동시에 최적의 멘탈 상태를 유지할 수 있다.

나는 인생이 결국 멘탈에 따라 달라진다는 중요한 사실을 20대에 깨달았다. 그리고 그제야 나약한 내 자신 을 극복하고, 강해질 수 있었다. 이는 내가 특별해서 가능 했던 것이 아니다. 내가 지속적으로 강조하는 멘탈에 대 한 의미를 충분히 이해하고, 이를 자신에게 적용한다면, 누구나 삶을 놀랍게 바꿀 수 있다. 나아가 삶 전체에 반드 시 필요한 자기 확신을 가질 수 있다.

이렇게 이야기해도 부정적 암시, 즉 최면 저주가 무 의식 영역에 강하게 새겨진 사람들은 운명론을 받아들이고, 갖가지 핑계를 들이밀며, 변화하려는 사람을 헐뜯고 매도하기 마련이다. 이것이 가수 신신애의 〈세상은 요지경〉 노랫말처럼 잘난 사람은 잘난 대로 살고, 못난 사람은 못난 대로 살게 만드는 가장 큰 이유다. 잘난 사람은 진리의 최면으로 자신을 다스리고, 못난 사람은 진리가 아닌 최면으로 자기 멘탈을 과소평가하기 때문이다.

우리의 목표는 최적의 최면 상태다

부자를 부러워하는 사람이 많다. 자본주의 사회에서는 더더욱 그렇다. 하지만 그들을 마냥 부러워하기보다 그들이 어떻게 그 상황을 만들었는지를 알아야 한다. 그들은 자기 분야에 고도의 집중력으로 최면 상태를 즐긴다. 완전한 몰입으로 시간도 효율적으로 활용하고, 자신이 가진 실력을 최대치로 끌어올려, 사람들을 최면 상태에 빠트리기도 한다. 당연히 많은 사람은 그들에게 지불하는 돈을 아까워하지 않는다. 그러므로 우리가 부러워해야 할 대상은 물질적인 부라는 결과물이 아닌 그러한 상황으로 이끌어준 긍정의 최면 상태를 즐기고 유지하는 능력이다. 그저 '돈 잘 벌어서 좋겠다.', '부럽다.' 수준에서 그치면 그 영역에 절대 도달할 수 없다.

명심하자. 자신의 멘탈을 변화시키고, 압도적인 자기 확신으로 살아가자. 결국, 스스로에 대한 강력한 확신을 가진 사람만이 압도적인 성공을 쟁취할 수 있다.

3 상상력이
논리를 이긴다

멘탈을 심리적인 영역으로 생각하고, 어렵게 받아들이는 사람도 있다. 하지만 전혀 그럴 필요가 없다. 심리학은 어려운 것이 아니라, 반드시 알아야 하는 것이다. 심리학은 인간의 행동과 사고를 연구하여 우리 내면을 이해하는 데 도움을 주는 학문인 동시에, 심리학을 잘 알면, 자신에게 적용시키는 것은 물론 우리의 생활 곳곳에서 더 현명하게 생각하고, 행동할 수 있게 한다. 이러한 이유로 기본적인 심리학적 지식은 알아두면 좋다. 이에 필수로 알아야 할 심리학 가운데 무의식 관련 내용을 담아본다.

모든 학습은
의식에서 무의식으로 흐른다

　　지금껏 수많은 심리학자와 의학자가 우리의 정신을 연구해왔다. 그리고 인간의 정신세계에는 의식과 무의식이 있음을 밝혀냈다. 이미 우리가 잘 알고 있는 의식의 영역은 약 10% 정도에 불과하고, 나머지 90%는 무의식인 잠재의식 영역이 차지하고 있다. 그런데 의식을 인식하는 것은 쉽지만, 무의식은 깊숙이 들여다보지 않으면, 존재하는지조차 느끼기도 힘들어 인식하지 못하고 살아가는 경우가 많다. 예를 들어 우리 심장은 계속 뛴다. 1분에 몇십 번 뛰면서 피가 우리 몸에 원활하게 돌 수 있게 한다. 하루 평균 10만 번 뛰는데, 70세까지 산다면 26억 번을 뛰는 셈이다. 이는 의식으로 조정하는 것도 아니고, 그렇게 하고 싶어도 할 수도 없다. 무의식의 세계라는 뜻이다. 또 꿈속에서 평소의 나와는 다른 모습의 나를 경험한 적 있을 것이다. 이 역시 무의식 속의 또 다른 내가 나타나는 것이다. 그런데 자전거를 배울 때는 조금 다른 상황이 생긴다. 처음에는 균형 잡는 것이 어려워 비틀거리기도 하고, 넘어지기도 하지만, 익숙해지면 의식하지 않아도 몸이 저절로 반응해 잘 타게 된다. 심지어 한 손에 휴대폰을 들고 통화하면서 타는 경지까지 오르기도 한다. 이처럼 우리 인간의 모든 배움의 과정은 의식적 차원에서 무의식 차원으로 확장된다.

상상은 논리를 이긴다

의식의 언어는 '논리logic'이다. 무의식의 언어는 '상상력'이다. 그러면 상상력과 논리가 서로 부딪치면 누가 이길까? 언제나 상상력이 논리를 이긴다. 앞서 언급했듯 의식은 정신세계의 10%의 영역이고, 무의식은 90%의 영역이기 때문이다.

자, 예를 들어 길이 3m, 폭 40cm의 널빤지를 바닥에 깔고 그 위를 걷는 일이 쉬운가, 어려운가? 당연히 식은 죽 먹기처럼 누구나 해낼 수 있는 미션이다. 그런데 롯데타워 옆 3m 간격에 똑같은 빌딩 하나 더 세워 같은 크기의 널빤지를 걸쳐놓고-바람의 영향을 받지 않게 설정해뒀다는 가정하에-건너보라 하면, 누가 그 도전을 할 것인가. 환경만 바뀌었을 뿐이라 논리적으로는 걸어갈 수 있어야 한다. 하지만 그 앞에서 모두 주저앉는 이유는 '떨어질 것이다.'라고 상상했기 때문이다. 90% 영역의 상상을 하는 순간 10%밖에 되지 않는 논리는 논리 '따위'가 되고 마는 것이다. 물론 당장 건너게 할 수도 있다. 널빤지를 건너면 10억 원을 주겠다고 하면, 여기저기서 자신이 건너보겠다고 손들 것이다. 갑자기 논리적인 사람이 되어서가 아니다. '10억 원을 받으면 무엇을 할까?' 하는 생각이 머릿속을 가득 채워, 아래로 떨어지는 상상을 할 수 없는 상태가 되어서다.

상상력을 제대로 통제하지 못하는 한 절대로 논리적인 사람이 될 수 없다. 정말 100% 논리적으로 살려면, 무의식의 언어인 상상력을 제대로 통제해야만 한다. 즉 '자기최면'을 통해 상상력을 통제하고, 자기 스스로 멘탈을 바꾸는 훈련을 해야 한다. 그렇다고 이것이 하루아침에 가능한 것은 아니다. 자기최면과 건강한 멘탈은 쉽게 이루어지지 않는다. 습관처럼 훈련해야만 가능하다.

우리가 꿈을 이루지 못하는 이유

우리의 두뇌는 상상과 실제를 구별하지 못한다. 예를 들어, 레몬을 먹는 장면을 상상하면 나도 모르게 입에 침이 고이는데, 실제 레몬을 먹지 않아도 두뇌가 레몬을 먹는 것으로 착각하고, 신체 반응을 보내는 것이다. 이러한 두뇌의 특성으로 인해 대부분의 사람은 상상과 실제를 구분하지 못하는 무비판적 상태가 되기도 한다. 어린 시절 자유롭게 상상하고, 그것이 마치 현실인 마냥 좋아하는 것처럼.

어릴 적 장래 희망을 꿈꾸며 "로봇을 만드는 과학자가 될 거야.", "세계적인 가수가 될 거야.", "대통령이 되어 우리나라를 멋지게 지도할 거야." 등의 말을 자신 있게 이야기하지만, 안타깝게도 그 상상을 '꾸준하고', '생생하게'

이어가는 사람은 많지 않다. 그 이유는 크게 두 가지다.

첫째, 현실과 상상의 괴리를 견디지 못하고 스스로 지친다. 대단한 미래를 그리며 눈 감고 상상할 때는 좋지만, 눈을 떴을 때 밀려오는 허무함을 이기지 못하고, 상상하기를 포기하는 것이다. 둘째, 주변의 부정적인 답변 때문이다. 우리 주변에는 희망에 부풀어 꿈을 이야기했는데, 비현실적이라고 비웃거나, 너무도 친절하게 실현 불가능한 이유를 설명하는 어른이 많다. 이로써 기가 꺾여 목표가 하나둘 사라지는 것이다. 반복되는 부정적 학습이 무의식적으로 멘탈을 약하게 만들고, '할 수 없다.'라는 부정적인 자기최면을 만드는 것이다. 그런데 분명한 것은 "이러저러해서 안 된다."라고 말하는 어른 중에 꿈을 이룬 사람은 없다.

우리 주변에서는 상상 이상으로 많은 부정적 암시가 도사리고 있다. 멘탈을 제대로 잡지 않으면, 이런 암시를 그대로 무의식에 새겨 넣게 된다. '암시'란 다른 이로부터 다른 이에게 옮겨진 강력한 생각이다. 예를 들어 "그건 현실적으로……"라는 말이 나오면, 대부분 '어렵다.', '힘들다.', '불가능하다.'로 끝난다. 그래서 "현실적으로"라는 말을 자주 쓰는 사람을 만나면 주의해야 한다. 부정적인 결론으로 끝날 가능성이 높기 때문이다.

이런 부정적 암시는 부모님을 비롯한 가까운 사람들에게서 영향을 많이 받는다는 점이 큰 문제다. 지금도 생생하게 기억하는 일화 중 하나가 내가 어릴 적 TV를 시청하던 중 화면 속 근사한 컨버터블을 보고 "와! 나도 저런 멋진 차 타고 싶다."고 했을 때, 옆에 있던 아버지가 "아들아, 저런 건 재벌이나 탈 수 있어."라고 했다. 나를 가장 사랑하고 아끼는 아버지지만 무심결에 그런 말이 튀어나온 것이다.

이 같은 상황이 어디 한둘이었겠는가. 그러함에도 불구하고 나는 그런 부정 암시를 강력한 자기 확신과 강한 멘탈로 극복해, 현재는 대한민국 상위 0.1%의 삶을 살고 있다.

멘탈을 바꿔야 인생이 바뀐다

부정의 상상력을 멀리하라

멍한 상태로 주변 사람의 말을 그대로 믿지 마라. 실제로 실천하고 보여준 자가 아니면 결국 불가능하다는 말을 할 뿐이다. 보여준 자의 말만 철저하게 인정하고 따르면 된다. 그것이 꿈을 이루기 위해 당신이 반드시 기억해야 할 점이다.

갓 20살 혹은 더 어린 학생들은 돈을 벌어 본 적도 거의 없을 텐데 돈 버는 것이 어렵다는 확신을 갖고 있다. 왜 그런 것일까? 돈 버는 것이 어려운 어른들로부터 부정적인 암시를 받은 것이다. 그렇게 부정적 암시를 받으며 성장한 아이는 돈을 버는 것에 대한 두려움만 커지고, 부자가 되는 자신의 모습은 상상조차 못하게 된다. 또 자신이 부자가 되어 멋지게 사는 모습을 생생하게 상상해보지도 못했을 것이다. 자연스럽게 빈곤과 가난 속에서 평범한 자신의 삶을 연결시킨 상상을 하면서 소박하게 성장한다. 안 좋은 쪽으로 자기최면을 하는 안타까운 상황이 아닐 수 없다. 이들의 인생은 이변이 없는 한 정말 돈 버는 것이 어려운 삶이 된다.

명문대에 들어가기 어렵다는 것도 같은 맥락이다. 공부하는 즐거움을 맛보기도 전에, 아무나 할 수 없다는 부정적 암시를 많이 들어온 터라, 자신이 명문대에 들어간다는 것은 상상도 하기 어렵다. 그 대신 성적이 더 떨어지는 상상을 하면서 어차피 안 된다는 생각에 사로잡혀 불안한 마음으로 공부한다. 생각하는 그 이상으로 뛰어난 진정한 잠재력을 발휘하며 공부하기는커녕, 몸과 마음이 힘든 공부를 하는 것이다. 그에 더해 '나는 공부해도 안 되는 사람이야.'라는 부정적 최면을 더욱 강하게 인지시킨다.

언제부터인가 사람들은 꿈 없이 살아간다. 애초에 실현 불가능하다고 믿고, 꿈을 꾸려는 시도조차 하지 않는 사람도 있다. 현실에 눈떠버린 초등학생들이 공무원을 최고의 직업으로 뽑는 세상이 됐다. 꿈을 꾸더라도 비정상적이고, 허황된 꿈을 꾸는 젊은이도 많다. 그래서 꿈을 말하는 것 자체가 순진하고, 어리석은 사람처럼 비춰지기도 한다. 하지만 어떤 세상에서든 자신의 꿈을 현실로 이루는 자는 항상 있다.

미국의 브리트닉 연구소에서 1,500명의 대학 졸업 예정자를 대상으로 실험을 했다. 직업을 선택할 때 현실적인 것을 선택할 것인가, 아니면 꿈을 좇아서 살 것인가 하는 질문이었다. 1,250명이 직업 선택 시 '현실'을 선택했고, 250명만이 '꿈'을 선택했다. 그리고 30년 뒤 이들 1,500명을 추적조사 한 결과, 천만장자(한화 120억 이상)가 된 사람은 모두 101명이었다. 현실을 선택한 1,250명 중에서 대부분이 나왔어야 할 테지만, 실제로는 1,250:1의 확률로 단 1명만 나왔고, 나머지 100명은 꿈을 선택한 그룹 250명 가운데에서 나왔다. 40%의 확률이다. "거의 불가능에 가까운 확률로 천만장자가 된 사람은 무엇인가?"라고 질문한다면, 그 사람은 현실에서 꿈으로 목표를 바꾼 사람이고, 그 계기는 뛰어난 존재, 스승을 만나서 제대로 배우게 된 것일 테다. 그리고 꿈을 선택한 250명 중 천만장자 100명을 제외한 150명도, 천만장자까지는 아니지만 꿈을 선택하겠다는 것이 진심이었다면, 현실을 따르겠다던 자들보다는 경제적으로 더 여유롭고, 스스로 자부심을 느끼는 삶을 살고 있다고 확신한다.

그럼 당신은 어떤 것을 선택하겠는가? 자명하지 않

은가? 이 같은 이야기를 듣고도 꿈이 없는 수많은 사람을 봐왔다. 사실 꿈이 없는 것이 아니라 주변에서 들어온 부정적 암시 때문에 스스로의 멘탈을 잡지 못하고, 자기 확신을 잃어 꿈을 포기했다는 것이 정확한 표현이겠다.

상상만으로도 인생이 바뀐다

우리는 누구나 상상을 한다. 그런데 '내가 원하는 것'을 상상하는 사람은 많지 않고, '내가 원하지 않는 것'을 상상하는 사람이 너무나 많다. 그것은 자신의 힘을 낭비하는 것이고, 자기 자신을 망치게 하는 것이다.

당신도 정말 논리적으로 살고 싶을 것이다. 그렇다면 무의식의 상상력을 통제하는 방법을 알고, 꾸준히 실천해야 한다. '우물 안 개구리'라는 속담이 있지 않은가. 그 말처럼 사람은 대부분 자신이 직접 보고 들은 것만으로 상상을 한다. 그래서 아무리 상상해도 도긴개긴 수준을 벗어나지 못하는 것이다. 그러므로 자신의 틀을 깨주는 훨씬 더 큰 존재를 만나서 꼭 알아야 할 진실을 배우고, 생각을 180도 뒤집어야만, 상상을 제대로 할 수 있게 된다.

　나에게는 수만 명의 제자와 수강생이 있다. 물론 대부분 인생을 긍정적인 방향으로 바꿔 놓았지만, 어느 정도 바뀌었는지는 사람마다 다르다. 강의 한번 듣고, 책 한번 읽는 것에 그친 제자는 그냥저냥 인생을 한번쯤 생각해보는 기회 정도였을 것이다. 그러나 책과 강의 내용을 곱씹어서 계속 상상하고, 무의식 속에 내면화하기 위해 노력하는 제자는 인생이 완전히 바뀌는 경험을 할 수밖에 없다. 수만 명의 제자를 가르치며 몸소 경험해온 진리이니 믿어도 좋다. 그래서 나는 독자들이 이 책에서 배운 내용을 매일매일 실천하고, 스스로의 멘탈 리허설을 계속해서 이어나가길 바란다. 그래야 스스로가 완벽하게 '나는 반드시 할 수 있다.'라고 무의식적으로 믿는 상태가 될 수 있다.

4 인정, 발전을 위한 필수 조건

승부욕보다 인정이 먼저다

승부욕이 강한 사람은 남에게 지는 것을 아주 싫어한다. 나 역시 승부욕이 강하다. 나의 승부욕은 어릴 적 태권도를 배우면서 생겨났다. 겨루기를 하면 반드시 이기고 싶었고, 내 이름처럼 세어지고 싶었다. 마음은 이기고 싶었지만, 그래도 나보다 뛰어난 사람들은 언제나 존재했다. 어린 나는 그 사실을 받아들이기가 어려웠던 것 같다. 그래서 친구를 사귈 때도 언제나 나보

멘탈을 바꿔야 인생이 바뀐다

다 약하고, 내가 컨트롤하기 쉬운 친구들하고만 어울렸다. 다행히 철이 들면서 나보다 더 뛰어난 사람은 확실하게 인정하고, 배우는 자세로 다가가야, 내가 더 발전한다는 사실을 깨달았다. 승부욕도 성공할 사람의 중요한 자질 가운데 하나지만, 인정할 사람을 인정하는 것도 그만큼 중요하다.

인정은 곧 진정한 성공의 출발점이다. 잘난 사람을 먼저 인정해야지만, 그 사람의 장점을 내 것으로 흡수할 수 있다. 인정하면서 생겨나는 열등감을 내가 강해져야 하는 이유와 의욕으로 승화시키는 사람이 진정으로 강한 사람이다. 남을 인정하는 것이 나의 능력과 자존심에 손상을 주는 것이 아님에도, 우리 주변에는 다른 사람을 인정하는 것에 인색한 사람이 많다. 인정보다 트집과 흠집을 내면서 자신이 더 대단한 사람인 양 으스대는 사람은 모두 마음의 병이 있다. 그리고 마음의 병 때문에 자신이 더 강해지지 못하고, 인정받지 못한다는 사실을 모른 채 살아간다.

김연아는 피겨 불모지인 대한민국에서 전 세계를 감

동시킨 세계 최고의 피겨 선수이다. 그 꿈을 이루기 위해 김연아 선수가 얼마나 피눈물 나는 훈련을 해왔겠는가. 이런 객관적인 사실을 인정하는 사람들은 김연아로부터 긍정적이고, 의미 있는 자극을 덤으로 받아, 자신의 분야에서 정신을 집중할 수 있게 된다. 그러나 타인을 인정하지 못하는 삐딱한 심성을 고수하는 사람은 "어린 것이 얼마나 돈을 밝히면 독하게 운동해서 저러느냐.", "운동이나 하지 CF 그만 찍어라." 등의 악성 댓글을 제조한다. 불쌍하지 않을 수 없다.

칭찬부터 시작하라

타인을 인정하는 능력 역시 어릴 적 부모나 주변 어른들에게 어떻게 교육을 받았는지, 어떤 암시를 받았는지에 따라 달라진다. 우리 부모님은 어떤 분야에서든 잘하는 사람을 보면, 박수를 친다. 그런 분위기 속에서 성장했기에, 자연스레 나도 남을 인정하고, 배울 수 있는 마인드를 갖추게 됐다. 혹 이 글을 읽는 순간 '나는 남을 인정하는 환경에서 자라지 않아 어렵다.'라고 생각하는 사람이 있다면, 머릿속에서 깨끗이 지우고 어색하고 어렵더라도 "대단하다.", "멋지다."라고 칭찬하는 습관을 길러보길 권한다. 상대방이 나보다 우월하다고 인정하라고 하는 것이 아니라, 특정 부분에서 우수한 점이 있다는 사실을 인정하라는 의미다. 그에 더해 나도 나의 분야에서 더 잘하겠다는 다짐을 하면 더 좋다.

인정할 사람이 많은 것은 축복이다

주변에 나보다 잘하는 사람이 많다는 것은 큰 축복이다. 그들을 인정하면 새로운 나의 모습이 보인다. 타인을 확실하게 인정할 수 있는 사람은 내가 인정한 그 사람이 나의 적이 아니라, 나를 성장시켜 주는 스승이라는 사실을 깨닫게 된다. 남을 인정하는 것은 나의 발전을 위한 필수 조건이고, 자신의 분야에서 남다르게 성공한 자들이 가지고 있는 공통된 특징이다.

인정할 부분은 확실하게 인정하고, 배우는 자세를

가져라. 그러면 당신의 인생에 놀랍도록 큰 변화가 일어
날 것이다.

멘탈을 바꿔야 인생이 바뀐다

5 가장 큰 문제는 목표가 없는 것이다

목표가 없으면 인생이 어렵다

상담을 하다 보면 문제를 안고 있는 수 많은 사람을 만난다. 저마다 자신의 문제를 가장 크게 느끼며 인생이 어렵다고 한다. 그러나 그들의 가장 큰 문제는 목표가 없다는 것이다. 가령 불면증이 생겼다고 해보자. 불면증은 과도한 스트레스로 자율신경계가 제대로 기능하지 못해서 생기는데, 이는 약물치료 없이도 전문가에게 최면요법을 받거나, 스스로 자기최면 상태를 만들어서 심리적 평정심을 유지하면 해결할 수 있다. 그런데 여기서 짚고 넘어갈 부분은 그들이 자기 목표가 분명하다면, 시간의 흐름에 따라 증상이 자연스레 사라진다는 것이다. 즉, 심인성 증상이 문제가 아니라 목표가 없는 삶이 가장 무섭다는 의미다.

목표가 확실한 사람에게 잠이 오지 않는다는 것은 전혀 문제가 되지 않는다. 목표를 하루빨리 달성하기 위해 밤새 더욱 몰입한다. '하늘이 내 목표를 이루라고 잠을 잠시 안 잘 수 있도록 돕는구나.'라고 생각하며, 축복을 기쁘게 누린다. 그리고 다음 날 활동하는 시간에 잠을 자지 않는다. 기껏 받은 축복이 손상되기 때문이다. 그렇게 최선을 다해 하루를 생활하고, 또 밤에 잠이 오지 않는다면? 문제로 받아들이는 것이 아니라 이틀 연속 하늘이 준 축복이라 여기면 된다.

목표 없는 삶, 경로 없는 비행이다

제2차 세계 대전 중 미국 육군은 군사적인 목적으로 사병들에게 불면 실험을 실시했다. 그 결과 인간은 3일, 72시간 동안 수면을 하지 않아도 약간의 육체적 기능 저하 외에는 이상이 없으며, 4일째부터는 건강 상태에 따라 정신적으로 병약해질 수 있음을 발견했다. 며칠 밤을 축복 속에서 목표에 매진하면, 잠이 안 올 수 있을까? 당연히 그렇지 않다. 우리 몸과 마음은 간절히 수면을 원하고, 자연스럽게 정상 반응을 보일 것이다. 대부분의 문제가 이와 같이 목표가 없거나 단단하지 않아서 부수적으로 생겨나는 것에 지나지 않는 것이다.

비행기의 ETA Estimated Time of Arrival 개념으로 목표의 중요성을 설명해 보겠다. 천재지변이나 특별한 사유가 없는 한, 대부분의 비행기는 예정된 시간에 도착한다. 비행경로대로 운행했으니 당연한 것이라 생각하지만, 사실 비행경로는 보이지 않는 가상의 경로이므로 비행기가 경로 그대로 완벽하게 가는 것은 불가능하다. 엄밀히 말하면 90% 이상의 비행기가 경로 이탈 상태로 운행하는 것이다. 비행 중에 이상기류와 같은 예상치 못한 상황을 만나면, 그 경로를 이탈해 우회하기도 한다. 그런데도 대부분 정해진 시간에 도착한다. 이유는 무엇일까? 그 시간에 도착하겠다는 확실한 목표가 있어서다. 우회했을 때는 엔진 최고 출력을 내기도 하고, 더 빠른 경로를 찾기도 하면서 예정 시간에 맞춘다. 모든 것이 분명한 목표가 있었던 덕분이다.

뚜렷한 목표가 인생을 바꾼다

우리의 인생도 비행과 같다. 언제, 어디에 도착할지 정확하게 목표를 설정해야 그 목표에 따른 구체적인 실천 사항이 생긴다. 목표를 분명하게 세우지 않고 비행한다면, 비행기는 길을 잃고, 여기저기 맴돌다가, 연료가 떨어져 허무하게 추락하고 말 것이다. 성취한 것 없이 좌절만 반복하는 안타까운 인생이 된다. 이렇듯 목표가 없는 것은 세상에서 가장 무섭고, 안타까운 일이다. 또한, 목표를 설정하고도 무의식에 새기지 못하고, 금방 잊어버리게 되는 것도 마찬가지이다.

물론 목표가 무엇인지 명확하게 인지하고, 또 거기에 지속적으로 집중하는 일이 결코 쉬운 일은 아니다. 나이가 많은 사람도 확실한 목표 없이 사는 사람이 많은데, 하물며 공부만 강요받아온 어린 나이의 청소년에게 목표 설정과 실천은 더욱 생소하고, 어려운 부분이다. 학생 각자가 스스로 명확한 목표를 만들 수 있도록 멘탈을 바꾸고, 인생을 변화시키는 자기 확신을 심어주는 것이 가장 중요하다.

인생을 변화시키고 싶다면 명확한 목표를 설정하고, 그 목표를 향해 집중하고 나아가자. 그 과정을 끊임없이 지속하다보면, 분명 인생은 놀랍게 변화할 것이다.

6 잘될 놈은 잘되고
안 될 놈은 안 된다

우리 모두는
────── 최면 저주의 희생양이다

　　많은 사람이 "잘될 놈은 잘되고, 안 될 놈은 절대 안 된다."라는 말을 쉽게 한다. 마치 잘될 사람, 안 될 사람이 미리 정해져 있는 것 같지 않은가? 그래서 반드시 피해야 할 말이다. 특히 교육 분야에 있어서는 더더욱 그렇다. 본디 교육이란 잘하는 사람은 더 잘할 수 있도록, 못하는 사람은 잘할 수 있도록 이끌어주는 것이 기

　　　　　　　멘탈을 바꿔야 인생이 바뀐다

본자세다. 못한다고 해서 방치하고, 포기해서는 안 된다는 말이다. 그럼에도 인간의 기본적인 특성과 심리를 잘 모르는 사람이 교사가 되고, 부모가 되어, 많은 사람이 어릴 적부터 최면 저주의 희생양이 된다. 번번이 "될 놈은 되고 안 될 놈은 안 돼!"라고 단정 짓기 때문이다. 재미있는 진실은 이 말은 자신의 실력으로는 아이들을 바꿀 수 없다는 한계를 드러내는 것과 같다.

잘될 놈, 안 될 놈 따위는 없다

지금까지 성별, 나이, 직업에 관계없이 많은 사람을 교육하면서 어린 나이부터 성공의 싹이 보이는 이도 만났고, 최면 저주에 깊이 물들어 마음의 상처를 안고 힘들게 살아가는 이도 만났다. 나의 강의를 신청하는 사람들은 비교적 최면 저주를 적게 받거나 그로부터 벗어나려는 의지가 강한데, 슬프게도 후자의 경우, 해도 안 될 것이라는 믿음이 강하게 뿌리내려 자신도 신뢰하지 못하고, 기회조차 잡으려 하지 않는다. 또 끝까지 열성적으로 수업을 듣고, 감사를 표현하는 것도 성공의 싹을 가진 사람들이다. 너무 안타깝지만 빈익빈 부익부가 생길 수밖에 없는 현실이다.

뛰어난 사람들은 더욱 뛰어난 존재가 되기 위해 기회를 놓치지 않고, 발전하는 것에만 온 정신을 집중한다. 그렇다고 아직 슬퍼하기는 이르다. 최면 저주로 자존감이 바닥이더라도, 기회만 잡으면 큰 변화를 경험할 수 있다. 잘될 놈은 더 잘되고, 안 될 놈도 잘될 수 있다. 아니 애초에 안 될 놈은 없다.

혼자가 어렵다면
좋은 스승을 만나라

인간이 가진 기본적인 능력은 차이가 크지 않다. 비슷한 능력을 가졌지만 어릴 적부터 어떤 뜻을 품고, 그 목표를 매 순간 잊지 않으며, 강력하게 자기최면을 걸었느냐, 그렇지 않았느냐, 자기 멘탈을 키우고 확

멘탈을 바꿔야 인생이 바뀐다

신했느냐, 하지 않았느냐가 중요할 따름이다. 만일 이것이 어려웠다면, 자신의 꿈을 이루는 데 이끌어줄 사람을 만났느냐, 못 만났느냐에 따라 결과가 달라질 뿐이다.

꿈을 이루지 못한 사람들과 꿈을 이룬 사람들의 근본적인 차이는 없다. "불가능하다.", "~하는 것은 어렵다.", "못할 것이다." 등의 부정적 암시를 숱하게 들으며 최면 당함으로써, 늪에서 벗어나지 못했느냐, 그 늪을 어떻게든 벗어나 자기에 대한 확신을 가지기 위해 노력했느냐의 차이다.

인간은 부정적 암시를 반복적으로 듣지만, 놀랍게도 그것을 스스로 깨고자 노력하는 사람은 그리 많지 않다. 이러한 이유로 늘 제자들에게 스승이 필요하다고 하지만, 그 중요성을 모르는 이상 스스로 스승을 찾기란 쉽지 않다. 인간의 두뇌와 정신을 먼저 이해해야 하기 때문이다.

지금은 꽤 만족스럽고, 행복한 삶을 살고 있는 나조차도 어릴 적 부정적 암시, 최면 저주를 들었고, 그대로 내면화한 피해자였다. 내성적인 편이어서 성공한 사람 아니, 나보다 나은 사람에게 무엇을 묻는 것 자체가 어려웠다. 대신 나는 누구에게 묻기보다 많은 책을 봤다. 책은 내 삶에 스승과 같은 영향을 미쳤다. 독서를 통해 몸이 떨리는 듯한 전율과 충격 속에서 깨달음을 여러 번 경험했고, 깨달음을 얻는 순간의 황홀감과 쾌감이 세포 하나하나에 새겨졌으며, 철저하게 내면화된 이후에는 이를 바탕으로 생활에 적용시켰다. 이렇게 나는, 내면의 생각을 바꿀 수 있게 되면서 외부 조건까지 많이 바뀌었다.

나는 교육의 힘을 믿는다. 단, 내가 말하는 교육은 최면 상태의 존재를 인정하고, 최면을 기반으로 이뤄지는 교육이다. 내가 하는 교육은 사람들을 최면 상태에 집중시켜 그 상태에서 제대로 된 진리를 전수하는 것이기에, 교육 분야에서 남다른 효과를 증명했다. 제대로 된 교육을 받는다면, 잘될 사람은 더 잘되고, 안 될 사람도 잘된다.

멘탈을 바꿔야 인생이 바뀐다

7 유유상종의 법칙

언제까지
비슷한 사람을 만날 것인가

대개 "끼리끼리 논다."고들 한다. 사람은 비슷한 사람끼리 만나고, 친구가 된다는 의미다. 일반적으로 친구란 같은 인식과 믿음을 만들어가는 관계이기에 형성되는 구조다. 그런데 이 역시 최면으로 이뤄진 사이라는 것을 아는가? 누가 봐도 멋진 삶을 사는 사람 주변에는 그에 어울리는 사람들이 모인다. 이로써 "친구를 보면 그 사람을 알 수 있다."는 말을 하는 것이다. 왜 그럴까? 함께 어울릴 때 비슷한 수준의 사람을 만나면 편하기도 하고, 서로의 상황을 이해하기도 쉬워서다.

문제는 여기에 있다. 발전하려면 같은 수준의 사람끼리 어울리는 것이 아니라, 더 수준 높은 사람과 어울리면서 긍정적인 영향과 자극을 받아야 한다. 그런데 언제나 같은 수준끼리만 만나면 한계에 다다르고, 발전이 없다.

기를 쓰고 명문대를 가는 이유

수많은 학생이 재수해서라도 좋은 대학에 가려고 하는 이유 중 하나도 좋은 대학에 가면 어울릴 수 있는 사람의 수준이 높아지는 덕분이다. 명문대에 입학하면 끊임없이 목표를 이루는 주변 친구 모습을 보면서 서로 좋은 자극도 받고, 선의의 경쟁을 펼쳐나가게 된다. 자연히 꿈이 커지고, 목표가 구체화되면서, 성과 낼 확률이 높아진다. 반면 성적이 낮은 대학에서는 목표를 이루기 위해 치열하게 노력하는 학생 수가 명문대에 비해 상대적으로 적을 뿐만 아니라, 꿈을 이루는 것이 현실적으로 얼마나 어려운가를 논하며, 함께 분노하거나 체념하는 모습을 더 많이 목격하게 된다. 그리하여 자신도 포기하는 것이 당연하다 여긴다. 여기서 끝이 아니다. 단단한 각오로 새로운 일을 계획하고, 추진하더라도, 응원의 한 마디보다는 "주제 파악해라.", "송충이는 솔잎을 먹고 살아야 한다.", "우리 대학 출신은 어렵다."와 같은 부정적 암시에 지속적으로 노출되어, 나도 모르는 사이 그 최면에 빠져들기도 한다.

성공하려면
잠시의 관계 정리도 필요하다

성공한 사람 주변에는 성공한 사람이 모이고, 실패한 사람 주변에는 실패한 사람이 많다. 성공하지 못하고 나이 든 사람은 하나 같이 "이 더러운 세상!"이라며 탓하기 바쁘다. 진리를 알지 못하는 자기 생각의 부족함과 실천하지 않았음을 인정하지 않고, 무조건 세상 탓을 하는 것이다.

지금 자신의 주변을 살펴봐라. 가장 친한 친구들부터 어떻게 살고 있는지를 봐라. 그 친구들이 목표가 불분명하다면 당신이 발전하기 위해서라도, 그들과 만나는 시간을 의도적으로 줄여야 한다. 같은 수준의 사람끼리 모여서는 절대 발전이 있을 수 없기 때문이다. 그것은 마치 자신을 희망 없는 감옥에 가둬 둔 것이나 마찬가지이다. 대단한 사람들을 만나는 것보다 우선시 돼야 할 것은 희망과 목표 없이 살아가는 사람들에게서 멀어지는 것이다.

이 말을 들은 혹자는 "너무 냉정하다." 또는 "영문도 모르는 그들이 불쌍하다."라고 할 수도 있겠지만, 감정에 휩싸이지 말고, 정신을 먼저 차리라고 말하고 싶다. 당신이 그들에게 정말 도움이 되려면 그들보다 완전히 더 나은 사람으로 성장해야 한다. 그전에는 도움을 줄 수 없다. 이 말의 진의를 받아들이지 못하고 꼰대의 간섭과 참견으로 받아들일 수도 있고, 오래 알고 지낸 관계이기 때문에 어쩔 수 없다고 생각할지 모르겠다. 세 살 버릇 여든까지 가는데 어떻게 고치느냐고. 그렇다면 어쩔 수 없다. 최면

멘탈을 바꿔야 인생이 바뀐다

저주로 가득한 사람끼리 희망 없는 감옥에서 서로를 위로하며 사는 수밖에.

　나는 알려주고 싶다. 세 살 버릇도 크게 뉘우치고, 좋은 행동으로 계속 반복해서 실천하다 보면 없어질 수 있다는 것을 말이다. 유유상종, 당신이 점점 발전할수록 당신의 주변 사람들도 성장할 것이라고 확신한다.

PART 2

원하는 것에
확실히 집중하는 방법

1

원하는 것에만
집중해라

원치 않는 모습은 떠나보내라

수강생들이 종종 나에게 여러 가지 증상을 최면요법으로 없애 달라고 요청한다. 그런데 대부분 별것 아닌 일에 지나치게 집중하고 있다. 가령 불면증이 있다면 '불면증이 없어졌으면…….' 하고, 가위눌림을 자주 당하면 '오늘은 가위눌림이 없어야 하는데…….' 하고, 두통이 있으면 '일할 때는 머리가 안 아파야 하는데…….' 하며 그 생각에 빠져 있는 것이다. 원하지 않는 기준을 정

멘탈을 바꿔야 인생이 바뀐다

해놓고, 말로는 그것이 없어지길 바라면서 계속 그것을 떠올린다. "담배를 꼭 끊고 말 테야."라고 하는 사람치고 담배 끊는 사람 잘 못 봤다. 원치 않는 담배에 생각을 집중하고 있기 때문이다. 담배 피우는 모습을 무의식의 언어인 상상력으로 떠올림으로써 논리적으로 담배를 끊기가 힘들어진 탓이다.

긍정의 상황에 집중해라

당신이 원하는 것은 무엇인가? 불면증이 없어지는 것인가? 두통이 사라지는 것인가? 아니다. 현재보다 훨씬 더 나은 인생을 사는 것이다. 그렇게 되기 위해서는 당신이 바라는 모습을 항상 생각하고, 무의식에 새겨야 한다. 당신이 사업가라면 '이번 달 매출이 떨어지지 않았으면…….'이 아니라 '매출이 오르는 것'에 집중해야 한다. 원치 않는 상황에서 벗어나 본인이 원하는 것만 온전히 집중하는 것. 이것이 몸에 배어있어야 흔들리지 않고, 목표에 도달할 수 있다. 하지만 이러한 습관이 다짐한다고 해서 하루아침에 생기지는 않는다. 꾸준하게 되뇌고, 실천하고, 과거 습관이 나오면 반성하고, 다시 원하는 모습에 몰입하는 과정을 수없이 거쳐야 한다.

인간은 눈 감기 전과 후가 다르다

인간이라는 존재는 대단한 능력을 많이 가지고 있다. 인간만이 눈 감고 결심하면 눈 떴을 때 이전과 다른 존재가 되는 것이 가능하다. 이는 다른 동물에게서는 찾아볼 수 없다. 우리는 눈 감고 뜨는 사이 매번 달라질 수 있다. 이 사실을 인지하길 바란다. 그리고 항상 원하는 것을 생각하고 집중하면서 공부하고 노력하면 좋겠다. 이를 통해 '안 된다.'는 생각은 잊을 것이다.

당신의 정신과 육체는 온전히 당신 것이다. 그 누구도 당신 몸과 정신에 들어가서 조종할 수 없다.

어느 지혜로운 인디언 추장이 있었다. 그는 자신의 손주에게 "얘야, 우리 마음 안에는 두 마리 늑대가 살고 있단다. 한 마리는 착한 늑대로 용기, 희망, 자신감, 신념, 자기 확신 등을 먹고 살지. 반면 다른 한 마리는 악한 늑대로 분노, 좌절, 공포, 짜증 등을 먹고 살아." 그러자 어린 손자가 "그럼, 두 늑대가 싸우면 누가 이기나요?"라고 물었다. 다시 추장은 "네가 먹이 주는 쪽이 이긴단다."라고 답했다.

짧은 스토리지만 자신의 감정을 어떻게 통제하느냐에 따라 나의 모습이 달라진다는 것을 알 수 있다. 환경 또는 타인에게 핑계를 돌리고, 책임을 전가해서는 안 된다. 그것은 처음부터 틀린 방법이고, 의미 없는 태도다. 발전 없는 사람의 특징일 뿐이다. 모든 감정과 생각 그리고 행동을 원하는 것에 완전히 몰입해 그것이 무의식 영역에까지 새겨지도록 반복하고 또 반복해야 한다. 그렇게 한다면, 당신의 멘탈은 놀라울 정도로 달라질 것이고, 인생도 몰라보게 변화할 것이다.

2 중얼거림도 허투루 하면 안 된다

긍정적 자기암시는 노력으로 이뤄진다

인간은 언제나 무엇인가 말하거나 중얼거린다. 자신도 모르게 하는 이런 중얼거림을 '자기암시'라고 한다면 이 행위를 의미 있는 것으로 활용하는 사람이 있는가 하면, 의미 없거나 자기 파괴적으로 자해하는 사람도 있다. 대개 성공한 사람은 전자에 해당하고, 실패한 사람은 후자에 해당한다.

일을 하면서 얼마나 많은 혼잣말, 다른 말로 자기암시를 하는지 점검해보자. 일이 잘 풀리지 않는다는 이유로 "아, 어려워.", "짜증 나.", "미치겠네." 등을 내뱉으며 자기 멘탈을 무너뜨리지는 않았는가? 비정상이라는 뜻이 아니다. 누구나 의미 있고, 삶에 도움 되는 긍정적 자기암시가 되어 있지 않으면, 원하지 않은 상황과 마주했을 때 부정적 자기암시로 채우기 마련이다. 그리고 나만 그런 것이 아니다. 주변 사람들도 "특별한 사람만 부자가 되는 거야.", "돈 벌기가 쉬운 줄 아냐?", "우리 같은 사람은 절대로 안 돼."처럼 부정적 언어를 남발한다. 이는 무의식 속에도 강하게 자리 잡았기 때문에 겉으로 드러나는 것이다.

잘 생각해 보면 주변에서 유익하고 의미 있는 암시를 꾸준히 하는 사람이 많지 않다는 것을 알게 될 것이다. 아주 극소수에 불과하다. 그러므로 스스로 좋은 암시를 하면서 자기 정신을 올바른 방향으로 끌고 나가는 노력을 하지 않으면, 곳곳에서 득실대는 안 좋은 암시에 영향을 받을 수밖에 없다. 다시 말해 긍정적 자기암시는 습관처럼 굳게 형성되어야만 한다. 지금부터 자기암시에 있어

꼭 알아둬야 할 사람을 소개한다.

에밀 쿠에의 자기암시

자기암시를 통한 치료 요법

1857년 프랑스의 트로와Troyes에서 태어난 에밀 쿠에는 약사였다. 그는 찾아오는 환자들을 살피던 중 '위약僞藥 효과'라고 불리는 플라시보 효과를 확인하게 되고, 이를 더욱 발전시켜 자기암시Autosuggestion라는 자신만의 암시요법을 창안했다.

"나는 날마다, 모든 면에서, 점점 더 나아지고 있다Day by day, in Everyway, I am getting better and better."라는 명언으로 더욱 유명한 에밀 쿠에의 자기암시요법은 인간의 자아를 의식과 무의식으로 구분하고, 의식적으로 무의식적 자아를 조절하고, 유도하는 요법을 통해 수많은 사람의 몸과 마음의 병을 치료했다. 정확히 심리학의 창시자인 지그문트 프로이트와 동시대 인물인 동시에 길지 않은 심리학 역사에 비춰봤을 때, 그의 사상과 치료요법은 그다지 많이 알려지지 않았다. 이유인즉, 에밀 쿠에는 학자이기보다 일평생 자신의 진료소에서 환자를 돌본 치료사였고, 자신의 간략하지만 강력한 요법의 원칙을 설파하고자 세계 곳곳을 다니며 인생 마지막까지 강연장에 서기를 마다하지 않아서다. 생존 당시 설명하기 어려운 수많은 치료 사례를 낳으면서 유럽과 미국 등에서도 그의 사상과 요법에 높은 관심을 기울였지만, 일부 학계와 종교계에서는 질타를 받았다.

에밀 쿠에의 가장 특이한 점은 모든 시술의 시작과 끝에 자기암시요법의 절대 원칙을 환자에게 각인시켰다는 부분이다. 그 내용은 다음과 같다.

① 상상과 의지가 충돌하면, 반드시 상상이 승리한다.
② 자신과 주변을 다스리는 모든 힘의 원천은 자기 내부에 있다.
③ 날마다 자신이 좋아지고, 발전하고 있음을 소리 내어 되뇌어라.

에밀 쿠에의 절대 원칙 활용법

앞의 에밀 쿠에가 강조한 절대 원칙을 적극 활용하면, 어제보다 더 나은 삶을 만들 수 있다. 그가 생전에 한 이야기에 더해 마지막에는 나의 견해를 곁들여 그 방법을 제안한다.

첫째, 자기암시라는 도구는 인간이라면 누구나 태어날 때부터 가지고 있다. 그리고 이 도구는 환상적이고, 무한한 힘을 지니고 있다. 이 힘은 주어진 환경에 따라 최선의 결과를 낳을 수도, 최악의 결과를 낳을 수도 있다. 따라서 이 힘을 이해하는 것이 우리에게는 대단히 중요한 과제다.

둘째, 자기암시의 힘을 의식적으로 수행할 수 있는 방법을 깨닫게 되면, 끔찍한 결과를 초래할 수 있는 잘못된 자기암시 상황을 피할 수 있다. 더 나아가 좋지 않은 상황을 긍정의 기운으로 대체하여, 육체는 물론 부정적인 자기암시에 자기도 모르게 희생되고 있는 신경질적이고, 병약한 정신에 건강을 불러오기도 한다.

셋째, 무의식은 우리 몸 각 부분의 기능을 지배함은

물론 우리의 모든 행동을 지배한다. 이러한 무의식의 작용을 '상상'이라고 부른다면, 받아들이기는 힘들겠지만 상상이 우리의 의지에 반해 우리를 늘 움직이게 한다. 다시 말해 우리는 상상의 조종을 받는 꼭두각시에 불과하다. 상상을 다루는 법을 배울 때 비로소 꼭두각시놀음을 멈출 수 있다.

넷째, 지금까지 자기암시는 최면술과 동일한 것으로 취급됐다. 하지만 나는 '인간의 정신과 육체에 미치는 상상력의 영향'이라고 정의하고자 한다. 이 영향은 결코 거부할 수 없다.

다섯째, 언제나 의지와 상상이 부딪치면 항상 상상이 승리한다. 그것이 우리가 원하는 일이건 원치 않은 일이건 상관없다. 스스로 할 수 없다는 가정하에 잠을 자려고 애를 쓰면 쓸수록, 누군가의 이름을 생각해 내려고 하면 할수록, 웃음을 참으려고 하면 할수록, 장애물을 피하려 하면 할수록 눈은 점점 초롱초롱해지고, 그 사람의 이름은 더 모호해지고, 웃음은 더욱 터져 나오고, 장애물은 점점 더 다가온다. 이처럼 우리가 움직이는 데에는 의지보다 상상이 훨씬 더 중요하다. 의지를 더하도록 충고하는 것은 심각한 실수를 저지르는 것이다. 그러므로 우리는 상상을 더하는 훈련을 해야 한다.

여섯째, 선과 악을 비롯한 우리의 모든 생각은 단단해지고, 물질화되어 결국 현실이 된다.

일곱째, 해야 할 일을 늘 쉽다고 생각하라. 마음속으로 필요한 이상의 힘을 쏟지 마라. 어렵다고 생각하면 필요한 것의 10배, 20배의 힘이 들어간다. 이것은 낭비이다.

여덟째, "나는 날마다, 모든 면에서, 점점 더 나아지고 있다."를 하루에 20번씩 되풀이하라. 이왕 자기암시를 시작할 것이라면, 이미 충분히 검증된 문장으로 하는 것이 좋다. 언급한 에밀 쿠에의 대표 문구는 이미 많은 사람이 효력을 검증한 문장이니 믿고 시작해도 좋다.

빼도 박도 못할 때 영웅이 된다

자기암시가 필요한 과학적 근거도 존재한다. NASA(미 항공우주연구소)에서 우주인들에게 위아래 이미지가 거꾸로 맺히는 안경을 제작해 착용하게 한

멘탈을 바꿔야 인생이 바뀐다

실험이 있다. 예상대로 모두가 어지럼증을 호소하고 괴로워했다. 그러나 절대로 안경에 손을 대지 못하게 했고, 심지어 잠을 잘 때도 안경을 낀 상태로 자게 했다. 그렇게 통제된 상황에서 27일 즈음 되는 날, 한 사람이 "똑바로 보여요."라고 외쳤다. 그리고 시간이 더 흘러 안경을 끼고 정상으로 보이는 사람이 점점 늘더니, 40일이 되기 전 참가자 전원이 특수 안경을 낀 상태로 모두 똑바로 볼 수 있게 됐다. 정말 신기하지 않은가? 두뇌가 힘든 환경에서 새로운 시각 처리 능력을 만들어 낸 것이다.

이 같은 신기한 두뇌 능력이 이 글을 보는 당신에게도 있을까, 없을까? 당연히 모든 인간이 가진 능력이니 당신에게도 있다. 중요한 것은 이런 두뇌 능력이 어떤 상황에 발휘되는지 알아야 한다는 점이다. "영웅은 난세에 태어난다."는 말이 있다. 그 이유가 무엇일까? 고통스런 상황이 장기간 지속됐기 때문이다. 그 와중에 영웅이 될 사람은 포기하지 않고, 그 상황을 극복하려는 노력을 한다. 끝내 아무도 예상하지 못한 힘을 만들어냄으로써 목적을 달성하고야 만다.

NASA에서 실시한 연구에서도 마찬가지다. 안경을

빼지 못하는 명확한 상황을 만듦으로써 두뇌가 벗어나려고 발버둥 치면서 새로운 능력을 만들어 낸 것이다. 다시 말해 주변 상황이 소위 '빼도 박도 못하게' 돼야 두뇌가 새로운 능력을 만들어 낸다. 이것이 인간의 두뇌의 특징이다.

지금 우리가 사는 세상은 난세가 아니다. 밥을 굶거나 전쟁이 벌어져 극심한 생존의 위협을 받고 있지도 않다. '그럼 난 영웅 되기는 글렀군.' 하면서 안타까워하는 사람이 있을지 모르겠다. 하지만 영웅은 언제나 될 수 있다. 스스로 빼도 박도 못하는 상황을 만들어 통제하는 습관을 가진 사람은 가능하다. 예를 들어, 계획을 세울 때도 빼도 박도 못하게 설정하는 사람은 그게 무엇이든 해내지만, 그렇지 않은 사람은 작심삼일만 반복하는 신세를 면하지 못한다.

아주 강력한 톤으로 신념을 갖고 하루도 빠짐없이 아침저녁으로 "나는 날마다 모든 면에서 점점 더 나아지고 있다."를 1년 이상 꾸준히 외쳐온 사람이 있다. 이 사람의 두뇌는 그가 필요한 새로운 능력을 만들어 낼까? 만들어내지 못할까? 두말 필요 없이 만들어낸다. 이것은 진리이다.

멘탈을 바꿔야 인생이 바뀐다

자기암시는
온전히 나를 위한 일이다

　　진리는 깨달으면 곧장 실천해야 의미가 있다. 나의 수업을 들은 모든 수강생에게 언제나 자기암시를 실천시켜 왔다. 이 자기암시를 확실하고, 꾸준하게 한 수강생은 갖고 있는 대부분의 문제를 해소했고, 모든 면에서 나아지는 모습을 보였다. 자기암시의 효과가 얼마나 큰지 체험해보지 않은 사람들은 그 놀라운 힘을 평생 알 수 없다. 그래서 더욱 안타깝다. 확실한 진리를 알려줘도 삶에 적용하지 않고, 그렇다고 다른 대안도 찾지 못하면서 불평 속에서 삶을 마감하는 사람이 많기 때문이다. 자신을 위해 자기암시는 반드시 해야 한다.

　　생각해 보라. 매일 부정적인 생각이나 혼잣말을 얼마나 많이 하는지를. 또 어렵고 힘들다는 말이 습관처럼 붙어있는가? 만일 아니라고 대답하고 싶다면 반드시 의미 있는 자기암시를 습관화해야 한다. '내 나이가 몇 살인데 창피하게 자기암시를 해야 해. 그냥 속으로나 해보지 뭐.'라고 한다면 정말 어리석은 생각이다. 몸과 마음은 연결되어 있다. 자기암시하는 것을 창피해한다면 그 삶이 정말로 별 볼 일 없을 것이라 확신한다. 자기암시는 창피한 일이 아니다. 무의식을 좋은 방향으로 통제하는 아주 멋진 일이다. 특히 젊을 때부터 하는 사람은 더욱 멋지다. 더 건강해지기 위해, 내 삶을 더 의미 있게 만들기 위해 진리를 인정하고, 실천하는 것이 얼마나 멋진 일인가.

이렇게 넓고 다양한 세상에서 몰입하고, 멋지게 사는 사람들을 보고도 자신이 집중할 것을 찾지 못하고, 남의 눈치만 보다가 생을 마감하는 사람들. 나는 그 사람들의 인생이 정말 창피하다고 생각한다. 소중한 진리를 배우고 이해하는 그 즉시, 생활에 실천하고 활용해야 한다. 구슬도 꿰어야 보배다.

3

많은 사람이
거품과 허례허식에
열광하는 이유

최면 훈련을 통해 본질을 파악하다

치열하게 살다 보니 다소 늦은 나이에 결혼했다. 그렇지만 늘 꿈꾸던 현명하고 아름다운 아내를 만나 행복한 결혼생활을 하고 있다. 우리나라 허례허식 결혼문화에 동승하지 않기 위해 양가에서 돈 한 푼 오가지 않았다. 결혼식도 대학 동문회관에서 치렀고, 쓸데없는 허세를 부리느라 낭비하고 싶지 않아 최소한의 것만 갖췄다. 본디 결혼이란 남녀가 사랑의 결실을 맺었음을 공식적으로 선언하는 절차이므로, 서로를 향한 진정한 사랑만 있다면 다른 것은 큰 의미가 없다고 생각해 합리적이고, 기분 좋은 결혼식을 올릴 수 있었다.

이렇게 할 수 있었던 것은 평소 거래하듯 서로 눈치 보고, 무리하면서까지 예물과 혼수를 장만하는 사람들을 보고 느낀 바가 커서다. 그 모습이 나에게는 안타깝게 보였다. 누군가는 결혼은 현실이라는 말로 반박할 수도 있겠지만, 그 현실은 나에게도, 나의 동생에게도 적용되지 않았다. 결혼은 인생의 가장 중요한 의식이자 결혼하는 당사자만으로도 부족함이 없다는 강력한 최면 상태가 우리를 지켜줬다. 하지만 대부분은 본질이 아닌 물건 또는 다른 사람의 시선을 의식하며 부족한 부분을 채우려 한다. 그리고 뒤늦게 그것으로도 채울 수 없음을 뉘우친다. 변질된 결혼문화를 바로 잡기 위해서는 가장 중요한 것이 무엇인지 인지하는 최면이 필요하다.

자기최면으로
세상에 현혹되지 마라

　　마케팅 전략도 무섭다. 마케팅 속에 고도의 최면 기술이 녹아 있다는 이야기를 들어본 적 있을 것이다. 마케팅 전문가들은 소비자를 현혹하기 위해 인간의 성향과 정서를 끊임없이 연구해 이를 판매 수단에 적용한다. 예를 들면 고가, 명품을 선호하는 소비자의 심리를 이용해 거품을 끼워 파는 것도 같은 의도다. 참인지 거짓인지 알 수 없지만, 매출이 부진한 매장에서 10만 원짜리 가방을 점원의 실수로 100만 원으로 기입해 진열하자마자 완판 됐다는 웃지 못 할 에피소드가 있는 걸 보면, 거품이 괜히 있는 게 아닌 듯하다.

　　이것이 통하는 이유는 인간은 다수를 따르려는 '군중심리'와 다른 사람이 받지 못하는 특별한 대우를 받고 싶어 하는 '귀족심리'가 공존하기 때문이다. 이에 따라 자신이 집중해야 할 의미 있는 일에 몰입하지 못하는 사람은 명품을 선호하는 사회적 분위기 속에서 고도의 마케팅 전략에 현혹되어 소비하는 안타까운 현실에 동참하지 않으려면, 자신만의 중요한 가치를 만들고, 거기에 집중하는 노력이 필요하다. 스스로 올바른 의식으로 진리를 가슴 깊이 새겨 허세의 최면에 빠지지 않게 하고, 의미 있는 변화의 물결을 일으켜야 한다.

인생의 변화는
멘탈 관리에서 시작한다

결국 멘탈이다. 상대방이나 세상이 원하는 것을 나도 모르게 '내가 원하는 것'으로 인지하는 게 아니라, 강력한 멘탈과 자기 확신으로 자신만의 목표를 세우고, 명확하게 살아가야 한다. 그렇게 단순하게 살면, 인생은 놀랍게 변한다.

멘탈을 바꿔야 인생이 바뀐다

4 의미 없는 편안함에
물들지 마라

편함에 물든 세상,
최면과 멀어지다

    많은 사람이 편한 것을 추구한다. 예를 들어 과거에는 손 편지를 많이 썼지만, 이제는 지극히 드물다. 그 대신 이메일 또는 카카오톡과 같은 모바일 메신저를 사용한다. 그로 인해 가끔 손으로 쓴 편지를 받으면 감동이 몇 배 더 크다. 그 정성을 아는 덕분이다. 그런데 자주 접하는 이메일과 모바일보다 어쩌다 받는 손 편지에 최면이 된다는 사실을 아는가? 편한 것에는 최면의 힘이 없다. 물론 예외인 경우는 있다. 딱딱하고 불편한 좌석보다 럭셔리하고, 편안한 좌석에 최면이 더 잘되는 법이다.

지금부터 내가 하고자 하는 이야기는 효율적인 길을 두고 불편을 감수하라는 것이 아니다. 스스로 편안함을 주기 위해 애쓰지 말라는 뜻이다. 가령 편하게 살기 위해 씻지도 않고, 빨지 않은 옷을 대충 걸치고 지낸다면, 몸은 편할 수 있어도, 정신은 피폐해진다.

편하게 얻은 것은 진짜 내 것이 아니다. 그리고 쉽게 사라진다. 이것은 진리이다. 갖고 싶은 것을 편하게 얻은 사람은 간절함도, 고마움도, 감동도 없기 때문이다. 나는 나의 직업 분야 과정에 편하게 얻어낸 것은 없다. 그래서 더욱 자부심을 느낀다.

개인적으로 강한 동물의 상징인 용과 사자를 좋아하는 것도 그 이유다. 같은 사자일지라도 야생사자와 동물원 사자가 같을 수 없다. 조련사가 던져주는 죽은 고깃덩이를 편하게 받아먹는 사자보다 야생에서 목숨 걸고 사냥하는 야생사자가 더 끌린다. 사람도 마찬가지다. 편한 것을 따르기보다 치열하게 자기 삶을 디자인해 나가는 사람이 더 매력적이다.

편안함은 나를 망치는 지름길이다

몸이 편한 것만을 추구한다면, 이 세상의 발전과 희열 그리고 최면과는 영원히 이별한 것이다. 누구나 자신의 수명을 다하면, 원하든 원하지 않든 그토록 원하던 편안함을 누릴 수 있다. 그러므로 편안히 관에 눕기 전에 불편함을 감수하며, 노력하고, 바쁘게 살아야 한다.

영국의 저명한 극작가 조지 버나드 쇼는 묘비명에 "내 우물쭈물하다가 이럴 줄 알았지."라고 새겼다. 결국 인간은 죽기 마련인데, 살아있는 동안 원하는 것에 더 집중했어야 한다는 메시지가 담겨 있다.

'편안함'은 우리가 집중해야 할 최면에 속하지 않는다. 하지만 세상은 점점 더 편한 것을 찾는다. 내가 활동하는 교육계에도 그런 세태를 엿볼 수 있다. 학원 시설이 월

등하게 좋아야 학생이 몰린다. 그런데 편한 것만 찾고, 거기에 적응한 사람들이 시간이 지나 자신이 원하는 것에 저돌적으로 몰입할 수 있을까?

편안함을 스스로 밀어내는 존재야말로 계속 강해질 수 있다. 원수를 갚기까지 짚 더미 위에서 잠을 자고, 쓸개즙을 먹으며 마음을 다진다는 사자성어 '와신상담臥薪嘗膽'만 봐도 알 수 있다. 편안함은 나를 망친다.

내가 사는 이유, 즉 사명은 탁월한 최면으로 많은 사람의 멘탈을 변화시키기 위함이지 편안하기 위함이 아니다. 내가 존경하는 세상의 위인들은 모두 편안함을 추구하지 않았다. 자신의 목표를 위해서 모든 것을 뒤로한 채 오롯이 몰입했다. 편안함을 추구하는 것은 행복이 아니다.

돌이켜보면, 지난 20년간 나의 환경도 많은 부분 편해졌다. 처음 이 일을 시작할 때, 원장을 제외한 대부분의 학원 관계자는 나를 의구심을 갖고 바라봤다. 그런데 점차 학생들의 성적이 오르고, 학습 태도를 비롯한 생활 자세가 눈에 띄게 나아지는 것을 보면서 내가 하는 일을 인정하고, 내가 이끌어가는 흐름을 당연하게 생각하는 분위기가 됐다. 덕분에 해가 거듭될수록 편안한 마음으로 일할 수 있게 됐으며, 현재는 학생뿐 아니라 모든 사람에게 멘탈의 중요성을 설파할 수 있는, 이 분야 상위 0.1%의 전문가가 됐다. 이는 앞서 이야기한 편안함과 다르다. 지난 세월 누구보다 편함을 경계하고, 노력해 온 결과다. 나 자신이 그것을 증명한다.

대접받으려는 욕구는 행복을 멀게 한다

편안함을 계속 추구하면, 어느 순간 대접받고 싶어진다. 재벌 2세가 아니고서야 편하게 앉아서 돈을 벌 수는 없다. 그렇다고 모든 재벌 2세가 그렇다는 뜻은 아니다. 그런데 재벌 2세와 같은 편안함을 꿈꾼다면 불행이 시작된다.

몇 해 전 '전문직의 찬밥 대우'라는 제목의 기사를 본 적 있다. 30대의 변호사와 회계사를 다룬 내용이었는데, 두 사람 모두 회사에 소속돼 있었다. 회사 측에서 변호사와 회계사에 대한 대우가 예전 같지 않고, 자신이 감당할 일이 아닌 잡다한 업무까지 해야 하는 수모를 당한다는 것이었다. 뿐만 아니라 언제 해고당할지도 모르는 신세로 전락했다는 푸념이 섞여 있었다. 그 기사를 보며 '전문직에 종사하는 사람들은 그 명분으로 대접받고, 편하게 지내고 싶어 하는구나.'라는 생각이 들었다. 물론 시험에 어렵게 합격해 보상받고 싶을 수도 있겠지만, 같은 나이, 같은 일을 하면서도, 더 치열하게 몰입하고 있는 사람이 많다는 것을 그들은 모르는 듯했다. 또 그것이 성공에서 멀어지고 있는 사실도.

칭기즈칸은 자신의 자녀들이 말에서 내려서 큰 궁전을 짓고, 갑옷 대신 비단옷을 입고, 맛있는 음식들을 먹으려 할 때, 제국이 멸망할 것임을 예언했다. 앞으로 편안함에 대한 올바른 인식을 갖추고, 몸이 편하고자 하는 생각을 머릿속에서 밀어내길 바란다. 그래야 진정한 행복이 열린다. 편한 것에 적응하고 대우받는 것에 익숙해진다는 것은 내 멘탈을 약하게 만들고, 나를 망치는 최면이라는 것을 명심해야 한다.

5 당신이 생각하는 인류 최고의 발견은?

인생 역전을 시킨
인류 최고의 발견

　　"인류 최고의 발견은 무엇인가?"라는 질문을 하면 대부분 불, 금속활자, 나침반이라고 손꼽을 것이다. 모두 중요하지만 나는 단연 "나의 내면의 생각을 바꾸면 외부의 조건을 바꿀 수 있다는 진리"라고 말한다. 자기 스스로 멘탈을 바꿀 수 있는 주인이 되면, 외부 상황도 변화시킬 수 있다. 멘탈을 바꾼다는 것은 생각의 90%

를 차지하는 무의식까지 통제하여 생각을 원하는 방향으로 이끈다는 의미다.

내가 20세 되던 해 우리 집의 빚이 2억 원이었다. 아버지는 배울 점 많은 존경스러운 분이지만, 남을 쉽게 믿는 바람에 돈을 빌려주거나, 사기꾼에게 휘말려 가정 형편이 어려워졌다. 그로 인해 마이너스통장으로 빚을 안고 생활할 수밖에 없었다. 그때의 나는 생각과 정신이 어리고 약하여, 아버지가 낸 빚을 갚다가 내 인생이 끝날 줄 알았다. 그랬던 내가 대한민국에 없던 새로운 직업을 만들었고, 20대에 억대 연봉을 만들었다. 그 후 20년이 지난 현재는 월 3~4억 원의 소득을 올리고 있다. 한마디로 인생 역전이다. 모두 나의 무의식과 멘탈을 바로잡고 '할수 없다.'는 생각을 모조리 지우고, 오로지 '된다.'는 생각으로 재정립하고, 집중한 덕분이다. 또 내가 잘할 수 있고, 사람들을 집중시켜 인정받을 수 있는 것이 무엇인지를 끊임없이 연구한 결과다. 이로써 멘탈을 변화시켜 인생을 바꾸는 국내 최고의 멘탈리스트가 됐고, 현재 누적 수강생만 수만 명, 그들의 놀라운 Before&After는 책에 다 나

열할 수 없을 정도로 많다.

　나는 수강생들에게 나처럼 살 수 있는 방법을 가르쳐 준다. 그것은 세상의 주인공으로 살아가는 비결이 된다. 자기최면만 완벽하게 할 수 있다면, 앞서 언급했듯 나보다 더 강하고 힘 있는 기성세대를 고도의 집중 상태로 만들어, 타인최면을 함으로써 외부 조건까지 바꾸는 능력도 갖추게 된다.

'그럼에도 불구하고' 해내는 사람은 있다

　한때 '88만 원 세대'란 말이 유행했다. 한 달 평균 수입이 88만 원이라는 뜻이었다. 그리고 자연스럽게 '젊은 사람들은 금전적 빈곤이 당연한 사회 구조'라는 인식이 만연해졌다. 그러함에도 불구하고 남다른 재능을 발휘해 인정받는 사람들이 그때도, 지금도 분명히 존재한다.

　만일 당신이 반드시 성공하고 싶다면, 안 된다고 체

넘하는 사람의 말을 따르기보다 된다는 사실을 행동으로 직접 보여준 사람들로부터 배워야 한다. 자기최면이 되어야 타인최면이 가능해지고, 그것은 당연히 외부의 모든 조건을 바꾼다. 하지만 중요한 것은 긍정적이든 부정적이든 누구나 자기최면을 하지만 올바른 방향으로 습관화한 사람은 많지 않다. 기존의 책이나 각종 매체에서 단순히 상상만 하면 된다는 애매모호한 설명을 했다면, 나는 더 정확하게 학문과 진리로 분석해서 설명하고 가르친다.

인생의 진리를 받아들여라

───────

───────　　　　나는 20대 대학원 학생 신분으로 정신적인 분야에 새로운 직업을 창시해서 그것으로 한 계통을 구축했다. 2004년부터 2019년까지는 최고의 명문 기숙학원인 등용문을 포함한 수십 곳의 학원에서 수험생을 대상으로 강의를 했다. 약 20년 동안 해마다 2,000명이 넘는 수강생을 교육했으니, 족히 3만 명은 넘는다. 그러니 명문대에 입학시킨 학생 수도 어마어마하다. 현재는 내

이름을 걸고 '박세니마인드코칭센터'에서 학생이 아닌 성인을 대상으로 멘탈 교육을 진행하며, 놀라운 성과를 이뤄내고 있다. 가령 극심한 우울증으로 사회생활이 불가능했던 사람을 보험설계사가 되어 월 1,000만 원의 수익을 내게 하고, 월 1,000만 원 수익을 내던 사람을 단 몇 달만에 월 5,000만 원을 벌어들이게 했다. 객관적인 예시를 위해 금전적인 기준을 나열했지만, 수강생들은 경제적인 변화 이외에도 가족 관계, 연인 관계, 건강 등 다양한 긍정적 변화를 체험하고 있는 중이다.

이런 나의 말에 그 방법을 궁금해 하리라 예상한다. 그러나 아무리 설명을 잘한다 해도, 지면이라는 점과 여러 가지 이유로 몇 달간 매주 정기적으로 열정을 다해 사랑과 관심을 쏟는 대면 수업과 비교하면, 효과 면에서 한계가 있을 수밖에 없다. 강력한 정신교육은 시간을 갖고, 지속적으로 상호작용하면서 전수하는 것이므로. 또한 그 전수 과정이 쉽지는 않다. 고도의 최면 상태를 만들면서 진리를 받아들이게 하는 고도로 숙련된 교육전문가만이 할 수 있는 일이다.

나는 이 책을 읽는 당신이 반드시 인생의 진리를 깨달았으면 한다. 시간이 없으면 시간을 내길 바라고, 의지가 생기지 않는다면 단 한번이라도 놀랍게 변화된 삶을 상상하며, 자신의 인생과 멘탈을 바꾸기 위해 한걸음이라도 내딛었으면 한다. 명심하라. 강력한 자기 확신으로 스스로의 멘탈을 무장하면, 삶이 놀랍게 변화한다.

멘탈을 바꿔야 인생이 바뀐다

6 열정은 최면의 강력한 도구이다

열정으로 최면을 유도하라

열정이 중요하다.

무슨 일이든 열정을 다해라.

열정만 있으면 됩니다.

TV 또는 라디오 광고에서도 심심찮게 나올 만큼 '열정'은 하루에도 수십 번 들을 수 있는 낱말이다. 자기 계발에 있어서도 빠지지 않으니, 이보다 더 익숙한 단어가 있을까 싶을 정도다. 그렇다면 이렇게 강조하는 열정은 과연 어떤 의미일까? 또 우리는 어떻게 열정을 이끌어낼 수 있을까?

열정은 영어로 'enthusiasm'이다. 라틴어 'en'은 영어의 전치사 'in', 'theos'는 고대 그리스어로 '신'을 뜻한다. 즉, 열정이란 신 안에 있다는 말로 '신이 되다.'라는 의미다. 세계 최고의 피겨스케이팅 선수 김연아 선수를 떠올리면 이해가 쉬울 것이다. 김연아 선수가 7분 동안 빙판 위에서 환상적인 연기를 펼칠 때, 어떤 느낌을 받는가? 모든 사람의 이목을 집중시키고, 숨죽이게 한다. 마치 신의 경지에 오른 것 같다. 그때만큼 김연아 선수는 빙판 위 신이 된다. 무대가 끝난 후에는 어땠는가. 경기가 펼쳐지는 곳이 "김연아! 김연아! 김연아!"를 외치는 관중의 함성으로 가득 찼다. 모두 김연아 선수의 열정이 만들어낸 효과다. 그녀는 그 열정으로 멘탈도, 인생도 변화시켰다. 그리고 세계 최고 선수가 됐고, 한 몸에 사랑을 받았으며, 은퇴 후에도 유지하고 있다. 많은 이가 김연아 선수에게 최면당한 것이다.

최면 걸기에 열정을 쏟아라

인생은 최면이다. 아니, 인생은 최면이 돼야만 한다. 특히 젊은 사람이라면 반드시 자신의 인생에 고도의 집중을 하는 최면 상태를 만들기 위해 모든 것을 걸어야 한다고 생각한다. 이를 다른 말로 열정이라고 한다.

나에게도 열정이 있다. 타인을 최면으로 멘탈을 변화시켜 인생을 바꾸게 하는 데 열정을 쏟고 있다. 덕분에 수많은 사람이 내가 하는 일을 인정해주고, 나도 자부심 있게 이 일을 이어갈 수 있다. 이처럼 자기 확신을 갖는 데 가장 중요한 덕목 중 하나도 열정이다.

나의 설명이 이해되는가? 정상적인 10대, 20대라면 심장이 뛰어야만 한다. 그렇지 않다면 그건 젊음의 심장이 아니다.

당신 안에 잠들어 있는
신을 깨워라

당신 안에는 신이 있는가? 아니, 내면의 신은 모두에게 있으니 그것을 꺼내어 봤는가? 또는 꺼내려는 노력을 해봤는가? 못했다 하더라도 괜찮다. 아직 그 방법을 모르고, 결심하지 못하고, 시간과 노력을 온전히 투자하지 못했을 뿐이다.

성공하고 싶다면, 인생을 변화시키고 싶다면, 하루빨리 내면의 신의 모습을 꺼내기 위해 제대로 노력해야 한다. 지금부터 의미를 깊이 새기고, 훈련을 한다면, 당신은 예전보다 훨씬 더 빠르게 신의 모습을 꺼낼 것이고, 미래에 더욱 강한 존재가 될 것이다.

7 우리는 인생의 정의를 찾기 위해 살아간다

성공하려면

————

확고한 인생 정의부터 내려라

————

인생이 무엇인지에 대하여 생각하는 시기가 있다. 나는 어려서부터 '인생은 무엇인가?', '나는 왜 태어났나?' 등에 대한 궁금증이 컸다. 책을 좋아하는 아버지 덕에 독서량은 높았지만, 그 답을 찾을 수 없었다. 지금 생각해 보면 나 자신에게조차 분명하게 말할 수 없었기에 스스로 끌어내지 못하고 살았던 것 같다.

성공한 사람들은 저마다 "인생은 ○○○이다."라는 확고한 신념을 갖고 있다. 인생이 무엇인지에 대한 의식도 없이 타인에게 영향을 미치며 멋진 인생을 살 수는 없다. 튼튼한 집을 짓기 위해서는 기초공사부터 확실히 해야 하는 것처럼 흔들리지 않는 삶을 살고 싶다면, 인생에 대한 정의가 있어야 한다.

대개 주변 사람이나 책, 각종 매체를 통해 그 답을 찾고자 고군분투하거나 종교에 의지하기도 하지만, 답을 찾지 못하는 사람이 더 많다. 물론 다양하고 복잡한 인생을 한마디로 표현하는 일이란 쉬운 것이 아니다. 그러나 인생에 대한 목표와 나만의 정의가 있는 것과 없는 것은 차이가 크다. 그것이 다른 사람보다 더 일찍 정립되면 더더욱 좋다.

인생은 최면, 고도의 집중 상태다

나는 인생에 대한 정의를 20대 중반에 찾았고, 그 이후로는 내가 가진 진짜 힘을 사용할 수 있게 됐다. 인생이 무엇인지 알게 된 기쁨에 이를 더 많은 사람에게 전해주고 싶은 마음이 커져, 진로도 인생의 의미를 깨닫게 하는 교육자가 됐다.

"내가 생각하는 인생은 ○○○이다."라는 말을 하기 전에 내가 정의하는 인생의 개념은 이 세상 어떤 누구에게도 그대로 적용 가능하다는 이야기부터 하고 싶다. 철이 들고 나서부터 나에게 인생은 '최면'이었다. 최면은 '고도의 집중 상태'이고, 인생이라는 사실을 깨달았다.

세상의 주인으로 사는 사람들은 모두 저마다 고도의 집중 상태를 아주 깊게 경험한다. 최면이라고 할 수 있는 집중된 상태에서 자신의 멘탈과 자기 확신을 강하게 다지며, 제3자를 최면시킬 수 있는 힘을 이끌어낸다. 이런 현상은 세상을 주의 깊게 바라보고, 느끼려고 노력하는 사람이라면 누구나 알 수 있다. 어떤 일을 해도 다른 사람을 잘 집중시키는 사람이 있고, 집중시키지 못하는 사람이 있는데, 전자의 경우가 내가 말하는 최면 상태를 깊이 이해하거나, 이론적으로 정립하지는 않았지만, 본능적으로 활용할 수 있는 사람이다.

사실 최면이라는 개념을 이해하기 전까지 나의 삶은 소극적이었고, 큰 두려움 속에서 고통 받았다. 세상에 존재하는 가장 절대적 기준인 최면의 존재를 모를 때는 모든 것에 자신이 없었다. 다행히 주변을 잘 관찰하고, 분석하면서, 모든 분야 최고의 존재는 최면 상태를 즐기면서 원하는 것을 이루고, 행복하게 산다는 것을 알았다. 그러자 단 한 분야에서만이라도 최면 상태를 만들어낼 정도의 능력을 갖추고 싶다는 기존에 없던 강력한 욕망과 의욕이 생겼다. 이로써 교육전문가가 되기 위해 공부하는 것을 당연하게 받아들였고, 온종일 도서관에서 책을 보는 것도 가능해졌다. "모든 것이 마음먹기에 달렸다.", 다시 말해 "인생은 최면이다."를 되뇌면서 스스로 강해진 것이다. 이렇게 매일 최면이라는 개념을 무의식 영역까지 새기니, 많은 번뇌가 사그라졌고, 강해지는 데 몰입하다 보니, 기존에 힘을 가진 분에게 나의 능력을 증명 받고 싶어지기도 했다. 그로 인해 기존에는 상상조차 하지 못했던 성공자들을 찾아가는 자신감까지 장착할 수 있었다.

지금부터 보람된 최면에 빠져라

내면의 생각을 바꾸면, 자연스럽게 외부의 조건들까지 바꿀 수 있는 것이 가능하다는 진리가 이해가 되는가? 당신에게 인생은 무엇인가? 지금 죽는다면 당신은 삶에 대해 무엇이라고 말할 수 있는지를 생각해보라. 당장 죽음을 눈앞에 둔 순간 인생이 무엇이라 말할 수 없다면, 얼마나 괴롭고 허무한 일인가.

"나의 인생은 어떤 종류의 최면이다."라고 당당하게 말할 수 있는 인생을 살아야 하지 않겠는가. 또한, 인생이 최면이라면, 가치 있고 보람된 종류의 최면에 빠져 살아야 하지 않겠는가.

PART 3

돈은
멘탈에서 나온다

1

돈을 벌려고 하면
돈을 벌 수 없다

최면을 이해하지 못하면 깡통 찬다

"돈을 벌려고 하면 돈을 벌 수 없다."
아니, 이게 또 무슨 뚱딴지같은 소리인가. 돈을 벌려고 하
면 돈을 벌 수 없다면, 벌지 않으려고 하면 벌 수 있다는
이야기인가? 한마디로 설명하자면, 지금까지 내가 수차
례 강조한 '최면'과 '멘탈'의 개념이 없는 사람은 돈을 벌
려고 할수록 돈을 더 못 번다는 뜻이다.

음식점에서 가장 중요한 것이 무엇인가? 분위기, 서

비스, 가격 등을 잘 갖추고, 합리적으로 제공해야겠지만, 무엇보다 맛으로 승부를 봐야 한다. 즉, 맛으로 최면을 잘 거는 음식점이 성공한다. 그런데 최면을 모르는 사람이 음식점을 운영하면, 머릿속에 '이익=판매가-원가'라는 생각만 가득하다. 이에 이익을 극대화하기 위한 전략으로 원가를 낮추려고만 한다. 원가를 낮추다 보면, 좋은 재료를 사용하기보다 저렴하고, 빈약한 재료로 만들 수밖에 없다. 음식의 맛은 재료에서 비롯되는데, 그렇게 요리한 음식으로 사람들을 절대 최면에 빠지게 할 수 없다. 뿐만 아니다. 인건비를 줄이려고 하면, 서비스의 질도 떨어져 같은 결과를 초래한다. 중요한 것은 이러한 이들은 운영이 어려워져도, 잘못된 공식을 수정하지 않는다. 매출이 부진한 이유를 가게 접근성, 메뉴, 경기 등 엉뚱한 곳에서 찾는다. 투자를 해야 돈을 벌 수 있는 역설적 진리를 제대로 이해하지 못하는 것이다. 그에 더해 자신만의 흔들리지 않는 확고한 멘탈을 형성하지 못함으로써 금세 포기하고, 체념한다.

최면이 돈을 벌어준다

최면과 멘탈에 대한 개념이 올바르게 선 사람이라면, 돈을 벌려고 하면 할수록 돈을 번다. 나의 경우 '이익=고객 신뢰×고객 수(제자 수)'라는 개념이 정확히 새겨져 있다. 덕분에 나의 분야에 있어서만큼은 최선의 노력을 기울이고, 그로써 수강생의 발전된 모습으로 증명하면서 신뢰도를 높였다. 이것이 점점 입소문이 나면서, 내가 다져놓은 교육 프로그램을 시행하는 학원을 늘려가며, 수많은 제자를 양성했다. 그리고 대상이 학생에서 성인으로 확장됨으로써 멘탈 교육을 중심으로 더 발전했다.

만일 내가 수강료만 높이려 했거나, 원가 절감을 위해 수업 연구를 게을리 했다면 어땠을까? 개인 성장은 고사하고, 사업 운영도 힘들어졌을 것이라 짐작한다.

최면, 성공의 문을 열어주는 열쇠다

성공한 사람들의 머릿속에는 인생에 대한 개념이 남다르게 새겨져 있다. 그것도 아주 깊이. 그 모든 것이 최면으로부터 비롯되는 것임을 믿어야 한다. 세상에는 최면이라는 개념을 모르면, 이해할 수 없는 일이 정말 많다. 최면이라는 시선으로 바라보면, 인생을 살면서 마주하는 수많은 문제에 대한 해결책을 찾는 것이 점점 쉬워질 것이다.

2

학습된
무기력증의 늪

무기력증에 학습되면
자유도 모른다

서커스 코끼리의 슬픈 이야기를 아는
가? 어릴 때부터 발목에 밧줄을 걸고, 땅에 박힌 말뚝에
매어두면, 처음에는 벗어나기 위해 안간힘을 쏟는다. 그
런데 하루, 이틀, 사흘…… 시간이 흐르면서 포기한다. 그
렇게 몇 년이 흘러 어른 코끼리가 됐을 때 밧줄을 풀어주
어도, 도망가기는커녕 몇 년 동안 움직인 반경을 벗어나

멘탈을 바꿔야 인생이 바뀐다

지 못한다. 일반적으로 어른 코끼리는 시속 30km를 달릴 수 있고, 웬만한 나무는 코로 뿌리째 뽑을 수 있는 막강한 힘이 있으며, 뒷걸음질 한번에도 얼마든지 말뚝을 뽑을 수 있는 능력이 있다. 하지만 무기력증에 학습된 코끼리는 자유를 줘도, 벗어나지 못한다. 아니, 그럴 생각조차 하지 않는다.

이렇게 피할 수 없거나, 극복할 수 없는 환경에 반복적으로 노출된 경험으로 뛰어난 재능을 갖고 있음에도, 그것을 제대로 발휘하지 못하는 사람이 많다. 자신의 능력으로 충분히 그 상황을 벗어날 수 있는데도 말이다. 이처럼 자포자기한 상태를 학습된 무기력증이라고 한다.

아무도 모르게 무기력증에 빠진다

학습된 무기력증에 빠지는 것은 인간도 마찬가지다. 가장 대표적인 예가 노숙자다. 그들은 일을 하거나 가정을 꾸려나갈 열정을 잃고 거리로 나온 것이다.

사람은 본디 어릴 때 부모의 영향을 절대적으로 받는다. 그리고 그때의 부모님은 신보다 위대한 존재다. 그런데 그 위대한 부모가 자신도 모르는 사이 자녀에게 숱한 상처를 남긴다. 독일의 한 심리치료사가 준최면 시기인 만 3세부터 6세의 아이들을 대상으로 실험을 진행한 결과, 이 기간 동안 부모로부터 "넌 안 돼.", "넌 할 수 없어.", "불가능해." 등 부정적 암시를 하루 평균 33회 듣는다는 사실을 알게 됐다. 반성해야 할 부분이다. 단세포 생물 아메바도 자신의 후손에게 저주하지 않는다. 인간만이 유일하게 최면 저주인 부정적 암시로 후손의 멘탈을 무너지게 하고 있다.

　　이렇게 부모에게 강한 최면 저주를 받은 아이들은 자존감 저하를 비롯해 상대방과 눈도 잘 마주치지 못하고, 대인 관계에 공포를 느낀다. 더 나아가 우울증과 무기력감을 호소하다가 극단적으로는 스스로의 목숨을 끊는 시도도 한다. 매사에 자신감이 결여되고, 위축된 상태로 임하다 보니, 모든 일의 성취와 능률이 남들보다 떨어지게 되고, 줄곧 실패의 경험만을 축적하다 보면, 끝내 학습된 무기력 상태에 이른다.

내가 만난 수강생 중에도 자신을 믿지 못하고 위축돼, 실패와 좌절을 맛보고, 괴로워하는 이가 많았다. 나는 그들이 약해질 수밖에 없었던 이유와 주변을 통제하지 못하고, 왜 무기력감에 빠졌는지 진리를 통해 깨닫게 한다. 수업을 충실히 이해한 학생들은 자신이 몰랐던 놀라운 진리에 감탄하며, 완전히 새로운 모습으로 자신을 최면하고, 바뀐다.

올바른 목표 설정이
무기력증에서 건져준다

'실패는 성공의 어머니'라는 명언이 있다. 하지만 이 역시 의미를 제대로 해석하지 못하면 틀린 말이 된다. 앞서 말한 것처럼 학습된 무기력의 원인 중 하나가 지속적인 실패 경험이다. 무기력증은 자신의 생활과 모든 결과가 통제 불가능하다고 판단될 때 생기는 심리적 상태다. 무기력증 상태의 사람에게 실패는 성공의 어머니라는 말은 그저 실낱같은 위로일 뿐이다. 발명의 왕 에디

슨은 전구를 개발하고 "나는 수많은 실패 후에 성공한 것이 아닙니다. 수많은 과정을 거쳐 성공에 이른 것입니다."라고 했다고 한다. 성공이라는 목적을 위해 목표 설정과 성공으로 가는 과정 중에 성공 경험을 지속적으로 생각해야 한다는 의미다. 다시 풀이하자면 도전할 만하고, 성취할 만한 목표를 명확하게 세우고, 이를 달성하기 위해 작고 큰 성취를 쌓는 것이다. 여기서 '도전할 만한 목표'의 기준 설정이 핵심인데, 실현 불가능한 목표를 세운다면, 목표 달성을 위한 행동에 강화를 주지 못하므로 좋은 방법이 아니다. 그렇다고 너무 낮아도 충분한 강화가 되지 않으므로 현재의 수준보다 높이, 구체적으로 정하는 것이 좋다.

이미 눈치 챘겠지만 목표 설정이 중요한 이유는 추가적인 행동 강화의 기회를 제공해서다. 작든 크든 성취감을 맛보면서 실력 향상과 함께 목표 달성 행동이 늘어남으로써 최종 목표, 즉 목적에 다다르는 가능성이 높아진다. 이 방법을 무기력증이 있는 사람에게 적용한다면 놀라운 효과가 일어난다. 처음에는 아주 쉬운 목표로 시작해 차츰차츰 난이도 높은 과제를 제공해 완수하는 훈련을 하면, 대부분이 무기력증에서 벗어난다.

　　만일 당신이 학습된 무기력증에 빠져 있다면, 반드시 알아야 할 진리를 모른 채 감당 안 되는 상황을 겪었기 때문일 것이다. 하지만 이제는 그때보다 훨씬 더 많은 것을 알고, 성장하지 않았는가. 오늘부터는 무기력증에서 한 발 물러나 보라. 진짜 '못 하는 것'이 아니라 못 한다고 '최면' 당했고, 스스로 '멘탈'을 컨트롤하지 못했던 것뿐이다.

3 돈, 벌고자 하면
벌린다

돈에 대한 정의부터 내려라

　　물질만능주의가 만연해지면서 돈을 갈망하고, 원하는 사람이 날이 갈수록 늘어나고 있다. 그런데 그렇게 "돈돈돈" 하면서 돈에 대해 자신만의 정의를 확실히 정립한 사람은 얼마나 될까?

　　돈에 대한 통념을 말하기 전에 질문 하나 하겠다.

"당신은 돈 버는 것이 쉬운가?"

대부분 어렵다고 대답한다. 그것도 확신에 찬 목소리로. 비단 당신만 그런 것이 아니다. 많은 사람이 그렇게 대답하고, 그렇게 믿는다. 왜냐하면 돈 버는 것이 어렵다는 암시가 무의식에 강하게 새겨져 있기 때문이다. '암시'란 다른 이로부터 다른 이에게로 옮겨진 생각을 말하는데, 우리는 어릴 때부터 부모나 주변 사람들에게서 "돈 버는 것이 얼마나 어려운지 아니?", "땅을 파 봐라. 10원짜리 하나 나오나."와 같은 말을 수도 없이 들으며 성장했다. 당연히 경제 활동을 해보지 않은 10대 이전의 아이들은 그 말을 철석같이 믿는다. 그대로 성인이 되어 돈 버는 것이 어려운 삶, 부모 세대와 다를 바 없는 평범한 삶을 사는 것은 당연지사다. 이제는 내가 자녀에게 돈 벌기 어렵다고 말해 줄 차례를 기다리면서……. 얼마나 안타까운 일인가. 이것이 경제적 어려움을 겪는 가정에서 이어져 내려오는 최면적 상황이다.

돈에 대한 억측은
성공의 방해꾼이다

그럼 어떻게 해야 할까? 당신은 돈을 잘 벌기 위해서 노력을 해봤는가? 돈 버는 것을 쉽게 생각하는 사람들을 분석하고 직접 찾아가 비법을 물어봤는가? 돈 버는 것이 어렵다고 생각하는 대부분은 이런 시도나 최소한의 노력조차 하지 않은 사람들이다. 아니, 그런 사람들을 만난다는 것을 상상조차 못했을 것이다.

나 또한 20대 중반 이전에는 이 진리에 대해서 명확히 알지 못했다. 호랑이 굴에 들어가야 호랑이를 잡을 수 있는데, 호랑이 굴에 들어갈 생각은 하지 않고, 호랑이를 잡으려 했던 것이다. 이런 어리석은 상태에서 빨리 벗어나서 천만다행이라 생각한다. 만일 20대 내내 잘못된 생각으로 살았더라면, 경제적인 자유는 물론 집안 빚도 갚지 못하고, 허우적거리는 우울한 삶을 살고 있었을 것이다.

그럼 호랑이 굴에 들어가기만 하면 호랑이를 잡을 수 있는가? 아니다. 호랑이의 특성을 파악하고, 예행연습

멘탈을 바꿔야 인생이 바뀐다

을 완벽히 끝내서 만반의 준비를 해야 시행착오 없이 잡을 수 있다. 나에게 그 만반의 준비란, 최면을 잘 이해하고, 나에게 기회를 줄 사람의 마음이 움직이도록 하는 연습이다. 즉, 기회를 줄 수 있는 사람을 감동시키고, 집중시킬 수 있는 능력을 키워서, 타인최면으로 그들의 마음을 얻는 것이다.

돈에 대한 억측은 매우 다양하다. 자본주의 시대를 살면서 돈이 중요하지 않다고 말하는 사람도 있다. 하지만 돈이 없으면 많은 것을 할 수 없고, 생존도 힘들어지기 마련인데, 돈이 중요하지 않다고 하는 사람들은 도대체 무엇을 이야기하고 싶은 것인가. 돈보다 더 중요한 것은 많지만, 돈이 필요하지 않은 것은 아니다. 또 어떤 사람은 돈이 많으면 행복할 수 없다고 말하는데, 이들은 정작 돈이 많았던 적이 없다. 그뿐만 아니다. 영화나 드라마에 비춰지는 부자의 불행을 보면서 혹은 주변의 부족할 것 없어 보이는 성공한 사람이 작은 흠을 보이면, 작은 불행을 전체로 일반화해서 자신의 처지를 위안 삼는다. 부자들은 일자 무식쟁이라고 매도하기도 한다. 우리나라 최대 규모

대기업 임원들의 연봉이 수십 억에 달하는데, 그들이 정말 못 배운 사람들인가? 오히려 엘리트 계층이 독서량도 높고, 치열하게 공부한 사람이 많다. 이 외에도 돈에 대한, 부자에 대한 억측은 매우 많다. 모두 자신이 돈 없고, 성공한 삶을 살지 못했음을 정당화하고, 미화하려는 가여운 사람들의 생각일 뿐이다. 어리석은 자기최면에 빠져 챗바퀴 같은 삶을 살면서도 자신의 생각이 옳다고 믿는다.

멘탈을 변화시키면 당신도 부자가 될 수 있다

돈을 벌고 싶다면, 일단 돈에 대한 억측부터 버려라. 그리고 의미 있는 최면에 집중해라. 물론 성공한 사람들 중에 정당한 최면 상태로 돈을 번 것이 아니라, 투기나 잘못된 방법으로 부자가 된 사람도 있고, 집안의 돈을 물려받아 인생을 편하게 사는 사람도 있다. 하지만 진정으로 자신의 일을 즐기면서 남다른 힘과 능력으로 성공을 이뤄낸 부자도 많다. 나도 그들을 존경하고 배

멘탈을 바꿔야 인생이 바뀐다

우면서 지금의 모습을 만들어 왔다. 생각을 바꾸고 멘탈을 변화시켜, 인생을 획기적으로 발전시키자. 당신이라고 부자가 되지 말라는 법은 없다.

4   몸과 마음은 연결돼 있다

두뇌는 실제와 상상을 구분하지 못한다

"몸과 마음은 연결돼 있다."

이 진리를 증명하는 심리학 실험은 오래 전부터 많이 해왔다. 대표적으로 하버드 대학의 랭거 교수가 실시한 실험 중 호텔 청소부 84명을 대상으로 한 건강 상태 조사가 있다. 대부분 혈압이 높고, 복부 비만을 가진 과체중이었다. 이상한 것은 그들은 하루 평균 호텔 방 15개를 청소하면서 쉼 없이 바쁘게 몸을 움직여야 하는 활동량 많은 사람이었다는 것이다. 그래서 랭거 교수는 실험 대상 중 절반을 비밀리에 불러내 "여러분의 하루 운동량은 건강하게 살기 위해 충분합니다. 잘 생각해 보세요. 15분 동안 시트 교체하는 것으로 40칼로리가 소모되고, 진공청소기로 15분 청소하는 것으로 50칼로리를 소모시킬 수 있어요. 또 욕조를 15분 닦는 것으로 60칼로리가 소진됩니다. 이렇게 15개의 방을 정리하면, 두 시간 반 동안 운동한 것과 같습니다."라며 청소 활동이 얼마나 많은 칼로리를 소모하는 일인지 설명했다. 그리고 한 달 후 동일하게 건강 상태를 확인했다. 그런데 놀라운 결과가 나왔다. 설명을 듣지 않은 그룹은 실험 전에 비해 변화가 없었지만, 설명을 들은 그룹은 허리둘레도 감소하고, 혈압도 떨어진 것이다. 그렇다고 별도의 운동을 한 것도 아니었다. 이에 랭거 교수는 "청소하면서 몸을 움직일 때마다 칼로리가 소모된다는 생각에 실제로 지방이 연소된 것이다. 이런 생각 없이 하는 청소 활동은 그저 피로 독소만 쌓이는 것에 불과하다." 한마디로 몸과 마음이 연결되어 있다는 말이 잘 증명된 사례다.

이는 모든 분야에 적용할 수 있다. 운동은 물론 일을 할 때도 이 운동과 일이 얼마나 나에게 유익한 것인지를 느끼면서 한다면 능률이 오르지만, 일에 대한 가치를 모르는 사람들은 피로감만 쌓이고 지친다. 모든 것이 마음 먹기 달렸고, 몸도 그에 따라 반응하기 마련이다.

미국 시카고 대학에서도 유사한 실험을 시행했다. 농구장에서 세 그룹으로 나누어 A그룹은 30일 동안 아무것도 하지 않게 했고, B그룹은 매일 자유투를 연습하게 했다. 또 C그룹은 실제가 아닌 마음속으로만 자유투 연습을 하게 했다. 30일 후 세 그룹 성적이 어떻게 나왔을까? 당연히 A그룹은 변화가 없었고, B그룹은 자유투 성공률이 24% 높아졌다. 그리고 이미지트레이닝만 했던 C그룹 성공률이 23% 높아졌다. 생각만으로 한 연습이 실제와 같은 효과를 발휘한다는 사실이 놀랍지 않은가. 우리의 몸과 마음은 연결돼 있고, 두뇌는 실제와 상상을 구별하지 못한다는 것을 증명해 주는 실험이다.

멘탈을 바꿔야 인생이 바뀐다

말하는 대로 이루어진다

2004년 28살 되던 해에 심리 안정 프로그램(성공 심리학 프로그램)을 창시하고 강의를 처음 시작했다. 당시, 낮에는 대학원을 다니고, 밤에는 여러 기숙학원으로 강의를 다니며 공부와 일을 병행했다. 일반대학원이라 수업도, 제출해야 할 과제도 많은데다, 2학기 동안 실습도 해야 했다. 일과를 떠올려보면, 경기도 광주 본가에서 출근하는 아버지 차를 얻어 타고 서울 양재동 학교로 이동하면서 부족한 잠을 보충했고, 오후 3시까지 대학원 수업을 들은 다음, 다시 본가로 가 어머니 차를 이용해 경기도 소재 기숙학원을 전전하며, 자정까지 강의를 했다. 거기서 그친 것이 아니라 새벽 1시까지 과제를 하고, 2~3시간 남짓 잠을 청한 뒤, 똑같은 패턴을 이어나갔다. 아침마다 눈꺼풀도 떨어지지 않았고, 몸은 괴로웠지만 "아, 날아갈 거 같아!", "정말 많이 잤다."고 크게 소리를 내질렀다. 그랬더니 정말 잠을 푹 잔 것 같은 느낌이 들었다. 뇌를 속인 것이다. 일종의 자기최면이었던 것이다.

자기암시로 하루를 시작하라

전쟁 영화를 보면 전투를 앞둔 상황에서 수장이 무기를 휘두르며 기합을 넣고, 그 뒤를 따라 전원이 함성으로 전의를 다진다. 공부하는 학생도 마찬가지다. 아침에 일어날 때 자기암시로 정신을 차리고, 새로운 기분으로 공부해야 한다. 간간히 졸음이 올 때도 기합이 도움 된다. 비단 운동선수에게만 기합이 필요한 것이 아니다. 공부하는 수험생도, 일을 하는 직장인도, 사업을 하는 사업가에게도 유용하게 작용한다. 그런 점에서 어릴 적 태권도를 배운 것이 신의 한 수였지 않나 한다.

자기암시에 기합을 넣어 외쳐라. 흐트러진 정신을 자기암시로 집중시키고, 하루를 시작하기 전에 열의부터 불태워야 한다.

"나는 날마다 모든 면에서 점점 더 나아지고 있다!"

멘탈을 바꿔야 인생이 바뀐다

5 천재란 누구인가?

천재는
절대 시간을 확보한 사람이다

　　초등학생 때 TV 프로그램에서 최면술 사가 패널로 출연한 연예인들을 최면에 빠지게 하는 장면을 봤다. 이름을 잊게 하거나, 발을 떼지 못하게 하는 등 신기한 모습을 많이 보여줬다. 시간이 흘러 지금은 피최면성이 높은 사람이라면 장난에 불과한 어렵지 않게 할 수 있는 기술임을 알게 됐지만, 당시 어린 나로서는 거기에 순식간에 매료됐다. 그 덕에 관련 책도 많이 보고, 친구들에게 실험도 해보는 등 다른 사람보다 최면에 높은 관심을 가졌다. 최면 상태라는 자극에 집중해 긴 시간을 최면에 몰입하면서 성장한 것이다.

인생을 살면서 누군가는 천재라는 소리를 듣는다. 개인적으로 천재는 일반적으로 특정 자극에 몰입해 그것을 실천하는 데, 절대 시간을 확보한 사람이라고 생각한다. 축적된 노력이 무의식적으로 나타나 저절로 가능해지는 사람 말이다. 그러므로 천재성은 무의식에 있다.

타이거 우즈가 공을 의식적으로 칠까? 무의식적으로 칠까? 모두 무의식적으로 친다고 인정할 것이다. 그리고 천재라는 소리를 듣는다. 하지만 그런 그도 처음부터 잘한 것은 아니다. 골프라는 자극에 몰입해 수없이 반복한 결과 무의식적으로 천재성이 뿜어져 나오는 것이다. 이처럼 어릴 때부터 특정 자극에 노출되어 그에 심도 있게 몰입해 절대 시간을 쏟으면, 천재의 가능성을 보인다. 이 원리를 흔히 1만 시간의 법칙이라고들 한다.

이왕 시작할 거라면 당장 시작해라

공부는 물론 예술, 체육 등 모든 분야에 이 법칙이 적용된다. 1만 시간의 구성과 체계에 대해서는 책에 자세히 다루지 않겠다. 직업군마다 시간이 다르고, 사람 특성에 따라 다르게 적용해야 하기 때문이다. 또 지면으로 설명하기에도 쉽지 않다.

아쉬운 대로 안내한다면, 1만 시간은 하루 3시간씩 10년이 걸리는 시간이다. '10년이나 걸린다니! 숨 막히는군.'이라고 생각할 수도 있겠다. 하지만 지금 이 순간에도 시간은 계속 흐르고, 나 역시 체감상 엊그제 새로운 직업을 만들어 교육을 시작한 듯한데, 벌써 20년이라는 세월이 지났다. 만일 10년이 너무 길게 다가온다면, 하루 10시간씩 몰입하면 3년이면 된다. 나 또한 1만 시간의 법칙을 적용했기에 현재 남다르게 살 수 있다고 확신한다. 그래서 수강생들도 최대한 빠르게 1만 시간을 의미 있게 채워 성장을 뛰어넘어 성공하길 바라는 마음이 크다. 붙잡으려 해도 시간은 가는데, 이왕이면 일찍 시작해 자신만의 영역을 만들었으면 하는 스승으로서의 사심 가득한 소망인 것이다. 교육 현장에 있으면서 늦은 나이에 시작한 것과는 다름을 알고 있어서이기도 하다.

부러워하지 말고 천재가 돼라

젊은 나이에 절대 시간을 확보한 사람은, 나이가 들면 들수록 더욱 독보적인 존재가 된다. 나도 그 삶을 만들고 누리는 사람으로서, 수강생들도 그 기쁨을 크게 느낄 수 있도록 지도하고 독려한다. 열정으로 그 시간을 채우기 전의 노력은 시작하지도 않은 것이다. 그런데 여기서 10~20대가 지났다며, '나는 40대니 해당 사항이 없네.', '이 나이에 시작한다고 뭐가 달라지겠어?'와 같은 생각을 하고 있지는 않은가? 중요한 것은 지금부터 당신이 인지하고, 멘탈을 변화시키겠다는 강력한 의지를 갖는 것이다.

"천재를 부러워할 것인가?" 아니면 "천재가 될 것인가?" 천재가 되고 싶다면, 천재가 되겠다고 크게 외치길

멘탈을 바꿔야 인생이 바뀐다

바란다. 그리고 반드시 실천하길 바란다. 그렇게 하면 단언컨대 지금보다 훨씬 나은 삶을 살 수 있다. 당신이 힘들었던 이유는 실천을 하지 않았기 때문이다. 한 살이라도 일찍 인생의 진리를 실천해서 더욱 멋진 천재가 되길, 그로 인해 당신의 인생을 놀랍게 변화시키길 바란다.

6 노력하면 잘되는가?

노력의 깊이에 따라 성공이 판가름 난다

"노력은 수단이 아니라 그 자체가 목적이다."

- 레프 톨스토이

"신은 우리가 성공할 것을 요구하지 않는다. 우리가 노력할 것을 요구할 뿐이다."

- 마더 테레사

노력과 관련한 명언이 넘쳐난다. 명언이 아니더라도 "노력은 배신하지 않는다.", "노력한 만큼 성공한다."는 말을 심심찮게 들었을 것이다. 그로 인해 많은 사람이 자기만의 노력을 하며 살아간다. 하지만 모든 사람이 그 노력으로 성공하고, 원하는 것을 얻지는 못한다. 다들 노력했다고 하겠지만, 그 개념과 깊이는 사람마다 다르다. 그리고 차이도 크다.

몇 해 전 KBS2에서 방영한 대국민 토크쇼 〈안녕하세요〉라는 프로그램이 있었다. 일반인이 보낸 고민에 패널들이 위로와 공감을 해준 다음 해결책을 제시하는 형식으로 진행했는데, 주인공 대부분이 그 상황에서 벗어나기 위해 노력을 했지만, 해결하지 못한 이들이었다. 그 가운데 팝핀에 빠진 30대 남성이 있었다. 10년 동안 춤만 추고 벌이가 전혀 없어 피해가 된다며, 가족 중 한 명이 제보한 사연이었다. 이에 그 남성은 패널과 관객이 보는 앞에서 10년의 세월이 담긴 춤을 보여주는데, 일반인에 비해 월등한 실력임은 인정하나, 자신만의 특성이 없어 단조롭다는 현역 아이돌의 평가를 들어야 했다.

이 사례에서 알 수 있듯 노력이란 재미를 느끼고 잘

하는 것에 자아도취 되어 몰입하는 것이 아니라, 하기 싫을지라도 나에게도 세상에도 가치 있는 일을 해내는 것이다. 그리고 타인최면까지 가능한 수준이 돼야 진정한 노력이라 할 수 있다.

취미생활스러운 노력은
이제 그쳐라

단순히 내가 잘한다고 해서, 재미있다고 해서, 꾸준히 이어가는 것은 취미생활에 지나지 않는다. 그런데 이것을 노력으로 여기는 사람이 많다. 또 그들이 끝까지 이해하지 못하는 영역이 타인최면이다. 자신이 하는 노력이 최선이라 생각하기 때문이다. 안타깝게도 다른 사람이 그 노력의 결과를 인정하지 않는다면, 그것은 노력이 아니다.

반대의 상황도 있다. 하기 싫은 일을 이 악물고 견뎌낸다고 해서 성공이 보장되지도 않는다. 2005년부터 지금까지 SBS에서 방영하는 〈생활의 달인〉이라는 프로그램이 있다. 여기에는 다양한 분야의 달인이 출연한다. 세차의 달인, 마늘 썰기의 달인, 명함 날리기의 달인 등. 그런데 부단한 노력으로 얻은 실력임에도 세상으로부터 받는 보상은 만족스럽지 못한 모습이 많았다. 물론 그분들의 노력을 비하하는 것은 아니다. 노력의 결과물로 타인을 최면에 빠지게 하는 에너지를 품어야 경제적 부까지누릴 수 있다.

진짜 노력을 시작해라

'나는 왜 노력해도 안 되나?'라고 자책하기 전에 다시 한번 자신의 모습을 돌아보길 바란다. 그리고 지금까지 해온 어설프고, 적당한 노력도 잊었으면한다. 이제는 노력의 개념을 분명하게 알고, 타인을 집중시킬 수 있는 '진짜 노력'을 시작할 때다.

7

나를 괴롭히는 두려움에서 벗어나는 방법

두려움은 스스로 만든 존재다

누구에게나 두려움이 있다. 이것은 무의식적으로 일어나는 것이라 고통도 많이 받는다. 나도 20대 중반까지 많은 두려움을 느끼며 살았다. '내가 잘 할 수 있을까?', '나는 못할 거야.' 등의 생각을 하며, 약한 멘탈로 내 소중한 시간을 낭비했다. 그러다 어느 순간 두려움이 무엇인지 정확한 개념을 깨우치면서 제대로 된 노력과 함께 두려움을 떨쳐내고, 인생을 변화시켰다.

모든 두려움이 나쁜 것은 아니다. 살면서 두려움을 전혀 느끼지 못한다면, 오히려 위험할 수도 있다. 가령 독사나 호랑이가 두렵지 않다면, 뜨거운 주전자가 두렵지 않다면, 처참한 결과가 기다릴 것이다. 내가 말하는 두려움은 본능적인 두려움이 아닌 스스로 만들어내는 것을 뜻한다. 이 두려움은 불면증이 생기게도 하고, 일상생활을 못하게 하기도 하는 등 여러 문제를 불러일으키기에 진지하게 분석하고, 해결책을 찾아야만 한다.

우리의 무의식은 두려움을 느끼는 대상 앞에서 능력을 제대로 발휘하지 못한다. 지금부터 두려움의 확실한 개념과 통제하는 방법을 알려주겠다. 두려움은 영어로 'FEAR'이다. 철자 순서대로 풀이하면 아래와 같다.

Fantasied

Experience

Appearing

Real

즉, 두려움이란 현실처럼 보이는 공상화 된 경험이다. 그렇다면 이러한 상황을 만드는 것은 누구인가? 바로 자신이다. 내가 두려움을 만드는 주체인 것이다.

예를 들어 직접 운전해 서울에서 부산으로 간다고 생각해 보자. 그런데 국가 정전 사태가 벌어졌다. 도로가 암흑천지가 됐다. 부산에 갈 수 있을까? 당연히 갈 수 있다. 자가용에는 라이트가 있으므로. 라이트를 켜니 50m가 확보됐다. 그렇게 50m씩 가시거리에 집중하다 보면, 어느새 부산에 도착해 있다. 그런데 똑같은 상황임에도 가지 못하는 사람이 있다. 가시거리 50m를 보지 않는다. 500m 혹은 5km 앞이 보이지 않음에 두려워한다. 그리고 상상한다. '저 앞에 길이 끊어졌을 거야.', '낭떠러지가 있으면 어떡하지?' 심각하게는 '괴물이 나타나는 거 아냐?', 'UFO가 납치할 것 같아.' 하며 두려움을 창조하기도 한다. 왜 이럴까? 무슨 이유로 이 같은 황당한 생각에 빠지는 것일까? 바로 집중해야 할 것에 집중하지 못하기 때문이다.

멘탈을 바꿔야 인생이 바뀐다

진리에 집중하면
두려움은 사라진다

그렇다면 무엇에 집중해야 할까? 답은 '진리'다. 진리에 집중해 목표 의식을 갖고 노력해야 한다. 그러면 두려움은 사라진다. 여기까지 두려움에 대한 개념을 이해했다 하더라도 막상 두려움이 엄습하면, 이러지도 저러지도 못하는 상태가 된다고 하는 사람이 분명 있을 것이다. 그렇다면 이 이야기를 떠올려보면 좋겠다.

한번쯤 아우슈비츠 강제수용소에 대해 들어봤을 것이다. 수백만 명이 죽어 나간 그 죽음의 수용소에서 실제로 수용당해 있던 빅터 프랭클Viktor Emile Fankl, 1905~1984이라는 사람이 있었다. 그는 정신과 의사였고, 미리 피난시킨 누이동생을 제외하고는 부모님, 아내, 형제를 수용소에서 잃었다. 지옥 같은 그곳에서 그는 살아남았고, 자신의 경험을 바탕으로 삶의 의미를 깨우쳐 주는 로고테라피를 창시해 많은 사람을 도왔다. 또 자신의 저서 『죽음의 수용소에서』를 통해 인간에게서 돈, 명예, 권력 등 모든 것을 빼앗을 수는 있지만, 딱 한 가지만큼은 지구상의 어떤 힘으로도 빼앗을 수 없다고 했다. 그것은 '어떤 상황에 놓이더라도 어떤 마음을 가질 것인가에 대한 최후의 자유'다. 이는 명백한 진리이며, 잔인무도한 아우슈비츠 강제수용소 경험 없이 알게 되어 다행이다. 빅터 프랭클은 다른 수용자들과 달리 이 진리에 집중해 있었던 덕분에 상대적으로 공포와 무기력감을 덜 느꼈고, 자신이 삶의 주인임을 잃지 않으면서 생존할 수 있었다. '호랑이에게 물려가도 정신만 차리면 산다.'라는 속담이 있듯 그는 수많은 사람이 죽어 나가는 곳에서도 정신을 집중해 살아난 것이다. 반면 그렇게 하지 못한 사람들은 집중할 것에 집중하지 않음으로써 끝없는 두려움을 스스로 만들어내면서 죽어갔다.

두려움을 느낄 여유를 주지 마라

진심으로 자문해보라. 현재의 상황이 아우슈비츠 강제수용소 상황보다 끔찍한가? 그럼 당신은 어디에 집중해야 하는가? 멀리 보는 게 아니라 당장 내 눈

멘탈을 바꿔야 인생이 바뀐다

앞의 가시적인 목표를 세우고 그것에 집중해야 한다. 그렇게 한다면 두려움을 느낄 여유가 없다.

당신은 앞으로 꼭 알아야 할 진리를 더 많이 알게 될 것이고 그것을 매일 실천한다면, 그 자체가 집중을 가속화하는 결과를 만들어내, 자연히 두려움에서 멀어질 수 있다. 원치 않는 두려움을 밀어내려고 애쓰지 말고, 집중해야 하는 일에 몰입해라. 이것이 두려움을 극복하는 가장 현명한 방법이다.

8 벽을 넘는 사람 vs 벽을 욕하는 사람

벽을 넘는 사람은 언제나 존재한다

살다 보면 벽을 마주할 때가 종종 나타난다. 도무지 뛰어넘을 수 없을 것 같아 절망스럽기도 하지만, 이것을 뛰어넘는 사람이 있는가 하면, 불평불만만 하는 사람도 있다. 모르긴 몰라도 인생의 벽, 장애물을 반가워하는 사람은 없을 것이다. 그것은 고민에 빠지게도 하고, 목표를 달성하기 위해 더 먼 길을 돌아가게 하기 때문이다. 나 역시 높은 벽을 보면서 '절대 넘지 못할 거야.'

라며 좌절하고, 원망하던 때가 있었다. 그러나 벽을 넘는 사람들은 언제나 존재했고, 그들을 배우고자 진심으로 노력했더니 용기가 생기면서 벽을 넘을 수 있었다. 또 그 순간의 행복함을 잊지 않음으로써 나와 같이 현실이라는 벽을 넘어 성장하려는 수강생들에게 도움을 주는 수업을 만들게 됐다.

인생의 벽을 넘어 변화의 기회를 잡아라

벽을 처음에 마주하면 너무 높아 보인다. 그러나 넘겠다고 마음먹고 제대로 한 걸음 한 걸음 나아가면, 어떻게 밟고 올라가야 하는지 보인다. 그리고 벽을 오르다 보면 점점 더 요령이 생기고, 반복하는 노력에 근육이 생기면서 벽을 넘는 과정이 쉬워진다. 반대로 벽 앞에서 주저앉은 사람들은 누군가 벽을 넘으려고 하면 방해를 한다. "이거 절대 못 넘어.", "쉬워 보이지? 어림없어." 등 부정적인 말로 의지를 꺾고, 자신과 같은 인간으로 만들려고 한다. 그럼에도 불구하고 누군가가 벽을 넘은 것을 보면 "운이 좋았겠지.", "나와 달리 든든한 백이 있나 봐?" 하며 인정하지 않고, 비하한다. 그들에게는 벽을 뛰어넘은 사람의 자세를 배우려고 하는 모습도 보이지 않고, 용기조차 내지 못한 자신의 처지를 위로하기 바쁘다. 그 외에도 벽을 넘은 사람 앞에서는 친절하거나 각종 아양을 떨기도 하지만, 그 사람이 없는 자리에서는 이유 없는 비난을 하며, 자신의 삶을 의미 없이 보내기도 한다.

나는 지난 20년 동안 대한민국에 없는 직업을 만들고 우리나라를 이끌 큰 인재를 만든다는 사명으로 나의 업에 최선을 다해 매진했다. 이런 내 모습에도 주변 모든 사람이 협조적이지는 않았다. 도움 준 사람도 많았지만, 내가 어떤 일을 하는지 이해 못하는 일부 강사 중에는 학생들에게 "그 수업 들으려면 나한테 맞고 들어라."는 둥 "쓸데없는 데 시간 낭비하지 마라."는 둥 방해 공작을 한 이도 있었고, 박세니마인드코칭센터를 오픈하고 온·오프라인 강의를 할 때는 "저런 사기꾼의 수업을 듣느냐."라며 나를 비난하고, 깎아내리는 사람도 많았다.

안타까운 사실이지만 이들에게는 어떠한 대안도 없

다. 더 나은 방법으로 사람들을 이끌 방법이나 열정도 없으면서 무책임한 발언만 해댄다. 마치 만족스럽지 못한 자신의 삶을 답습하게 하려는 것처럼. 물론 이러한 방해 속에서도 많은 수강생이 나의 수업을 들었고, 지금도 듣고 있지만, 진실을 보지 못하고, 수업 듣기를 가로막는 이들로 인해 인생이 바뀔 수 있는 기회를 놓친 학생도 많다.

불가능이란 없다

나는 벽을 먼저 넘은 자로서 수강생들이 벽을 넘는 것을 지켜보는 일이 행복하고, 큰 보람을 느낀다. 주저하는 사람들에게 진정한 용기와 지혜를 주는 것이 기쁘다. 벽을 넘은 수강생을 보면서 감격한 나머지 종종 눈물이 나기도 한다. 타인의 성공을 자신의 성공으로 여기고 축하해 줄 수 있는 사람, 그리고 타인의 뛰어난 점은 언제나 배울 자세가 되어 있는 사람은 한계가 없다. 벽이 아무리 높고 험할지라도 우리에게 불가능은 없다.

9 돈은 멘탈에서 나온다

능력을 한계 짓지 마라

　　몇 년 전 기숙학원에서 학생들을 가르칠 때의 일이다. 2010년, 한 학생이 상담을 받기 위해 센터에 방문했다. 그는 당시 25살이었고, 전역 후 대학교에 편입하기 위해 늦은 나이에 수험생이 됐다고 했다. 그런데 평소 과도한 스트레스에 시달리며 원형탈모증, 두통, 무기력증을 호소했다. 이야기를 자세히 들어보니 1년 동안 동사무소(현 행정복지센터)에서 상근으로 복무하면서 생긴 세상에 대한 두려움이 가장 큰 원인이었다. 다름 아니라 함께 근무하는 공무원들은 툭하면 인생이 괴롭고, 힘들다는 말로 그에게 부정적 암시를 많이 남겼고, 이로써 중위권 대학을 다니는 자신은 학벌 지배사회에서 성공할 수 없다는 믿음을 갖게 했다. 비단 이 학생뿐만 아니라 기숙학원 재수생 중에서도 '어차피 명문대 못 가면 돈도 많이 못 벌 텐데 열심히 하면 뭐하나.'처럼 미리 미래를 단정 짓고, 공부에 집중하지 못하는 학생이 많았다.

이 같은 현상이 학생들에게만 일어나는 것일까? 아니다. 수많은 성인이 자신의 한계를 정해두고 행동하는 경우가 많다. "돈 버는 것은 어렵다."는 말을 부모님을 비롯해 주변 어른들에게 수도 없이 들었기 때문이다. 우리는 이 지긋지긋한 최면 저주에서 벗어나는 것이 급선무다. 만일 최면 저주를 깨트린다면 인생을 살아가기가 더 수월할 것이다. 이는 나의 경험이기도 하다. 지금부터 알려주는 진리를 제대로 이해하고, 인생을 바꾸길 바란다.

돈의 출처를 알아야 돈을 번다

많은 사람이 돈을 벌고 싶어 한다. 모두가 갈망하는 돈의 출처는 어디일까? 출처를 알아야 돈을 벌 수 있다. 그런데 출처도 모르고 돈을 벌려고 하는 사람이 많으니, 불편한 진실이 아닐 수 없다. 그런데 놀라지 마라. 돈은 멘탈로부터 나온다. 보기 좋은 예가 있다. 한경희 스팀청소기가 있다. 이 브랜드를 만든 한경희 대표는 주부였지만, 남다른 판단력, 즉 탁월한 멘탈로 자신을 브랜드화 했다. 나 또한 남다른 멘탈로 지금의 자리에 오를 수 있었다.

"돈이 얼마나 있는가?"라는 질문을 하면, 사람들은 지갑이나 통장에 얼마 있는지를 확인하려 한다. 하지만 돈이 멘탈에서 나온다고 믿는 사람은 "무한대로 많다."고 대답한다. 나도 마찬가지다. 내 멘탈의 주인이 나이니, 돈이 필요하면 최대한 무의식까지 동원해 만들면 된다.

방법적인 부분은 간단하다. 주변 사람들을 잘 관찰해보길 바란다. 심리학자가 된 것처럼 주의 깊게 살펴봐

라. 인간은 어떠한 부분이든 문제를 갖고 있고, 그것을 해소하고 싶어 한다. 그것이 돈을 벌 수 있는 가능성이 된다. 사회가 발전할수록 교통 문제, 주거 문제, 환경오염 문제, 대입 문제, 건강 문제 등 문제는 점점 더 심화되고 다양해진다. 심지어 결혼식도 문제가 된다. 그로 인해 웨딩플래너라는 직업이 등장하지 않았는가. 인간의 모든 문제는 경제적 활동 수단인 직업과 연결됨을 알 수 있다. 다시 말해 돈을 벌고 싶다면, 집단의 수많은 문제점 중 특별히 관심이 있고, 자신 있는 분야에서 최고의 서비스를 제공하는 사람이 되면 된다. 그러면 자연스럽게 돈은 밀려온다.

혹자는 "맞는 말이지만 다른 사람이 이미 다 했잖아요."라고 할 수도 있겠다. 하지만 매우 어리석은 생각이다. 앞서 말한 한경희를 보라. 한경희는 신인가? 당연히 사람이다. 그럼 그녀가 만든 스팀청소기는 완벽한가? 당연히 완벽하지 않다. 인간은 완벽할 수 없다. 이 세상은 완벽하지 않은 인간들끼리 경쟁 중이다. 신과 경쟁하는 사회라면 좌절하겠지만, 다행히도 우리는 모두가 동등한 능력을 가지고 태어난 인간이다. 그래서 기회는 언제나 존재한다. 먼저 태어난 사람들이 이뤄놓은 것에 조금 더 살을 붙이고 수정해 +a를 만들면, 돈은 나에게로 방향을 바꾼다. 또 다른 사람이 이미 그 영역을 장악하고 있다 하더라도, 더 이상 할 것이 없다고 포기하지 마라. 그들은 책, 강연, 동영상, 홈페이지 등 어디에든 '흔적'을 남겼다. 그 친절한 기록을 열정을 다해 수집해라. 그들이 시행착오를 겪으며 알게 된 것을 그 과정 없이 그대로 흡수할 기회다. 시간도 금전적 손실도 줄일 수 있으니, 이보다 멋진 일이 있을까? "나를 위해 먼저 시행착오를 겪고, 성과를 내고, 이렇게 공유해주셔서 고맙습니다. 덕분에 제 수준이 높아졌습니다."라고 인사해야 할 판이다. 또 이것이야말로 강자의 자세다.

최면전문가가 되어 돈을 벌어라

이 순간에도 세상은 계속 변하고 있다. 자연스레 새로운 문제가 생겨나기 마련이며, 그 문제가 또 다른 직업을 만든다. 2010년대에 들어서 '인터넷 게임 중독'이라는 단어가 생겼다. 불과 30년 전만 해도 이런 용어 자체가 없었다. 그러나 시대의 흐름에 따라 심각한 사회적 문제로 대두됐다. 이로 인해 관련 서적이 출간되고, 예방법을 연구하고, 치료 프로그램이 생기는 등의 움직임이 일어났다. 모든 문제가 가능성을 의미하고, 돈을 벌게 해준다는 기회를 증명해주고 있다.

인터넷 게임 중독 외에도 수없이 많은 문제와 기회가 있지만, 단지 생각이 문제 해결을 쫓아가지 못하고 있다. 이 사실을 알았으니, 더 이상 핑계 댈 생각은 하지 마라. 또한, 후진국보다 선진국에서 돈 벌기가 더 쉽다. 경제가 어려운 나라는 생필품으로만 승부를 봐야겠지만, 잘 사는 나라에서는 고가의 상품을 포함해 선택의 폭이 다양하다. 고가 상품은 질의 차이는 2~3배지만 가격은 수십 배로 높다. 트렌드를 만들기도 쉽다. 트렌드는 사람들에게 필요성을 설득했을 때 다수의 사람이 너도나도 사게 되는 현상인데, 모든 분야를 막론하고 이 같은 시장이 형성된다. 또 이것을 잘하는 사람을 '최면전문가'라고 한다.

돈 벌기가 쉬운가? 어려운가? 쉽다. 돈은 생각에서

나오고, 기회가 되는 문제는 사방에 널렸다. 이 중요한 진리를 깊이 새긴 사람은 생각의 주인이므로 돈 버는 것 따위에 스트레스 받을 필요 없다. 당신이 당신의 멘탈을 자유자재로 컨트롤해 더 이상 돈으로 걱정하지 않는 인생을 살길 바란다.

멘탈을 바꿔야 인생이 바뀐다

10 협상 능력은 우리 삶을 풍요롭게 한다

협상 능력을 키워라

인생에서 가장 필요하고 중요한 능력은 무엇이라고 생각하는가? 다양한 답변이 나오겠지만 나는 '협상 능력'을 뽑겠다. 만일 내게 협상 능력이 없었다면, 학원가에 존재하지 않았던 심리 수업을 할 수 있었을까? 아마도 불가능하지 않았을까 싶다. 나는 수많은 원장을 만나며 수차례 협상을 거쳐 그들의 마음을 얻었다. 세계에서 손꼽히는 성공자도 협상 능력으로 성과를 이뤘다.

그러므로 우리는 협상에 대해 관심 갖고, 그 스킬을 키워 나가는 노력을 해야 한다.

전직 강사였던 마윈은 중국이 전자상거래 시대가 열릴 것이라 예상하고, 인터넷 사업을 시작했지만, 수차 례 실패를 경험한다. 그럼에도 불구하고 심기일전한 그는 1999년, 직원 17명과 '알리바바 온라인(이하 알리바바)' 이란 회사를 창업한다. 그 후 예일대 로스쿨을 졸업해 유럽계 투자 회사에서 투자 업무를 담당하던 차이충신이라 는 글로벌 인재를 채용했으며, 그로부터 몇 개월 후 베이 징을 방문한 일본 소프트뱅크 손정의 회장을 만났다. 중국의 수많은 기업가가 세계적인 투자자인 손정의 회장의 지원을 받기 위해 사업 설명을 했고, 마윈에게도 10분의 시간이 주어졌다. 손정의 회장과 독대한 이때, 마윈은 중국의 전자상거래 시장의 가능성과 알리바바의 비전에 대해 설명했다. 6분 가량 흘렀을 무렵, 손정의는 마윈의 PT 를 중단시켰고 "나는 반드시 알리바바에 투자하겠소."라 고 말했다. 30명 남짓한 규모의 설립 1년 밖에 안 된 중국 신생 IT기업에 3,000만 달러라는 거액을 투자한 것이다. 사실 손정의가 알리바바에 투자를 결정한 2000년도는 전 세계적으로 닷컴 버블이 붕괴되고 있는 시기였다. 그런데도 검증되지 않은 신생 기업에 300억 원 규모의 투자 제안을 한다는 것은 굉장한 리스크를 가진 결정이었다. 더 놀라운 것은 마윈이 그 제안을 거절했다는 점이다. 아닌 게 아니라 알리바바가 필요로 하는 금액은 2,000만 달러로도 충분하다는 이유에서였다. 마윈은 손정의와의 관계를 더욱 장기적인 관점에서 바라보고 있었다. 첫 번째 계약에서 상대방으로부터 투자금을 조금 더 얻어내려고 욕심 부리지 않아도, 신뢰가 쌓이면 더 좋은 관계로 이어질 수 있다고 믿은 것이다. 그렇게 마윈과 손정의의 역사적인 투자 계약이 체결됐고, 이를 계기로 두 사람은 돈독한 사이로 발전했다. 결과는 대성공이었다. 소프트뱅크의 투자로 알리바바는 중국 전자상거래 시장에서 무섭게 성장했고, 손정의는 알리바바의 든든한 후원자를 자처하며, 알리바바가 자금을 절실히 필요로 했던 2004년, 다시 6,000만 달러를 투자한다. 마윈 역시 손정의 회장에 대한 깊은 존경과 신뢰를 바탕으로 도움이 필요할 때마다 손정의를 적극 지원하고, 추후 합작법인을 설립해 공동으로 사업을 추진하는 등 끈끈한 관계를 이어갔다. 2014년

9월, 손정의 회장이 알리바바에 투자한 지 15년 만에 알리바바는 뉴욕 증권거래소에 상장됐고, 당시 알리바바의 기업 가치는 1,667억 달러(약 174조)에 이르렀으며, 최대 주주 소프트뱅크가 보유한 알리바바의 지분 가치는 578억 달러(약 59조)로 불어났다. 알리바바의 상장으로 소프트뱅크가 최대 수혜자가 된 것이다.

되짚어보면 마윈과 손정의 회장은 단 6분간의 협상으로 서로에게 이익이 되는 결과물을 만들어냈다. 뿐만 아니라 향후 끈끈한 인간관계를 지속해나갈 수 있는 신뢰로 쌓을 수 있었다. 이들의 협상을 통해서 성공한 협상이 무엇인가에 대해 생각해 보게 된다.

제대로 된 협상은
성과와 사람을 남긴다

제대로 된 협상은 두 가지를 남긴다. 하나는 협상 결과물이고, 다른 하나는 인간관계다. 이 두 가지가 모두 성립됐다면, 그것이 바로 성공한 협상이다.

보통 사람들은 협상을 할 때 숫자로 나타나는 협상 결과물에 지나치게 집착한다. 그래서 상대를 쥐어짜서 조금이라도 더 자신에게 유리하게 만들면, 마치 협상에서 승리한 것처럼 의기양양해 한다. 하지만 그런 방식의 협상은 필연적으로 관계에 상처를 낸다. 좁디좁은 비즈니스 세계에서 한 번의 이익을 위해 인간관계와 신뢰를 잃으면, 상처 입은 상대방은 다음 협상 테이블에서 이를 갈고 나올 것이다. 또한 부정적인 평판이 업계에 퍼지면서 직·간접적으로 향후에 다른 협상에까지 악영향을 미치게도 한다. 그런 의미에서 협상의 성과도 중요하지만, 관계의 측면도 절대 소홀히 해서는 안 된다. 이는 감성적이거나 도의적인 차원을 넘어 추후 협상을 성공적으로 이어나가기 위해 반드시 필요한 부분이기 때문이다.

뛰어난 스킬보다
태도가 협상을 이끈다

그렇다면 마원은 어떻게 6분 만에 손

정의를 설득시켜 수백억 원의 투자를 이끌어낼 수 있었을까? 2017년 손정의 회장이 한 인터뷰에서 한 말이다.

"마윈의 사업 계획은 변변치 않았고, 영업 이익도 전혀 나지 않는 상태였습니다. 직원 수도 불과 30여 명에 불과했죠. 하지만 그의 눈빛이 너무나도 강렬했습니다. 그가 이야기하는 태도와 나를 바라보는 눈빛에서 나는 그가 강한 리더십과 카리스마가 있다는 것을 발견할 수 있었습니다. 비록 그의 비즈니스 모델은 완벽하지 않았지만, 그가 커뮤니케이션하는 방식과 상대방을 흡입하는 강한 매력에 나는 설득 당했습니다."

이처럼 상대방을 설득하는 데 있어서 때로는 이성과 논리보다 직감과 감정이 결정적인 역할을 할 때가 있다. 결국 자기 확신이 강한 사람이 상대방을 압도한다. 그 누구에게도 흔들리지 않는 강력한 멘탈로 자신을 무장하고, 흔들리지 않는 믿음으로 나아가자. 이 행동 하나로 당신이 예상치 못한 놀라운 결과가 당신의 눈앞에 기다리고 있을 것이다.

11

일하기 싫다는 것은
돈을 적으로
만드는 것이다

문제를 해결하는 사람이 돈을 번다

돈을 벌기 위해서는 직업을 갖고 있어야 한다. 인간이라면 누구에게나 적용되는 이론이다. 만일 다양한 직업이 없다면, 우리 사회는 문제투성이가 되고 말 것이다. 예를 들어 아이가 태어날 때 의사와 간호사가 없다면? 태어난 직후 산후조리사가 없다면? 전문지식을 갖춘 이들의 도움을 제대로 받지 못해 환희의 순간도 잠시, 절망과 공포의 시간이 될 수 있다. 그러므로 모든 직업에 귀천이 없으며, 고마운 마음을 가져야 한다. 또 직업이란 어떤 문제를 해결하는 역할을 동반하기에 돈을 버는 수단이 되는 것은 당연하다. 이로써 더 많은 돈을 벌고 싶다면, 한 분야에서 사람들이 가진 문제를 제대로 해결하는 능력을 키워내고, 그것을 사람들에게 증명해 보이면 된다.

나는 이처럼 직업의 속성이 남을 돕는 것이라는 점을 깨달은 후, 다른 사람들이 일반적으로 잘 생각하지 못하고 능력을 갖추지 못한 정신 영역의 문제를 해결하는 사람이 되기로 마음먹고, 능력을 키우는 데 집중했다. 그리고 잠재의식을 통제하지 못해서 벌어지는 문제들, 가령 심인성 증상과 집중력 저하 등을 약 없이도 호전되게 하고, 본질적인 지식으로 동기 부여를 해주는 심리 수업을 개발해 새로운 직업을 만들어냈다. 이렇게 문제를 제대로 해결해 낼 수 있는 지식만 갖춘다면, 얼마든지 새로운 직업을 만들 수도 있다. 그리고 큰돈을 벌고 싶다면, 자신의 출중한 문제 해결 능력으로 더 많은 사람의 문제를 해결하는 데 열정을 쏟으면 된다. 그럼 자연스레 돈은 따라오기 마련이다. 뿐만 아니라 돈을 버는 행위 자체가 매우 멋지고, 숭고하기까지 하다는 사실을 피부로 절실히 느끼고 있는 삶이라면, 일하면서 진정한 행복감을 누릴 수 있게 된다. 돈은 이렇게 열정적으로 문제를 해결하는 자신의 일을 사랑하고, 즐기는 사람을 따른다.

돈은 자신의 일을
사랑하는 사람을 좋아한다

돈을 좋아한다고 말하면서 정작 자신의 일은 싫다고 하는 사람이 많다. 이것은 돈을 적으로 돌리는 것이다. 인간관계를 할 때에도 상대에게 "싫어."라고 말하면, 상대가 기분 좋을 리가 없다. 상대도 싫다고 말한 사람을 싫어하게 된다. 돈은 일을 하는 과정에 벌리는 것인데, 일이 싫다고 하는 것은 결국 돈도 필요 없다고 하는 것이나 마찬가지다. 그러니 일이 아무리 고되게 느껴지더라도, 일이 싫다고 생각하는 것은 무조건 피해야 한다. 아무리 힘들어도 "난 내 일이 정말 좋아.", "난 누구보다 이 문제를 잘 해결해 낼 수 있어.", "이 문제를 해결하는 것은 정말 신나는 일이야."라고 되뇌어야 한다.

사람들이 당신에게 "무엇을 제일 좋아하세요?"라고 물으면 실제로는 여행과 맛있는 음식을 먹는 것이 제일 좋다 하더라도 "일을 하는 것을 가장 좋아합니다."라고 말해 봐라. 당신이 여행을 가고, 맛있는 음식을 먹을 수 있는 것도, 결국 일을 해서 돈을 번 덕분에 갈 수 있는 것 아닌가. 그렇게 항상 본질을 생각하면서 일을 더욱 즐기는 자세로 임해야 한다.

부자가 되고 싶다면
문제 해결 능력을 키워라

혹시라도 '내 직업이 마음에 들지 않는다.', '일을 열심히 했지만 지금까지 부자가 되지 못했다.'라는 생각을 하고 있다면 제안하고 싶다. 당신이 지금까지 일을 했다는 것은 다시 말하지만 인간 세상의 어떤 문제를 해결해낸 것이다. 그렇게 문제를 해결하면서 열심히 살았고, 과소비하지 않았는데도 돈이 부족하다면, 지금까지 직업적으로 만난 고객들의 수준을 높이는 수밖에 없다. 돈이 많고, 사회적 지위가 높은 사람들의 문제를 해결해내는 쪽으로 집중하며 일을 하라. 그러려면 더욱 문제 해결 능력을 정교하고 섬세하게 다듬어야 할 것이다.

대책 없이 일하기 싫다고 하면서 일확천금을 노리고, 언젠가는 부자가 될 것이라고 외치는 안타까운 자들을 멀리하라. 그들은 평생 가난한 삶을 살 것이 분명하다. 행여 일확천금을 얻는 극소수의 존재가 있더라도, 그가 일을 하는 것을 싫어하는 마인드의 소유자라면, 그가 소유하면 안 될 큰돈이 그와 후손들에게 마이너스의 영향을 줄 것이므로 전혀 부러워할 필요가 없다.

PART 4

인류 출현 이후
가장 성공하기 쉬운 시대

1 세상은
느끼는 자의 것이다

세상을 느끼는 정도에 따라
———— 행복이 달라진다

아버지는 내게 "세상은 느끼는 자의
것"이란 말씀을 자주 했다. 여기에는 이 세상 전체를 느낄
수 있는 만큼의 중요한 지혜와 가르침이 있었다. 태어나
서 계절 변화를 10번 정도 제대로 느끼면, 죽는 날이 온다
고 한다. 젊은 시절엔 철이 없거나 치열한 경쟁으로 앞만
보고 달리느라 자연의 가치를 잘 알지 못하지만, 삶을 관

멘탈을 바꿔야 인생이 바뀐다

조할 나이가 되면 비로소 계절의 변화가 아름답게 느껴지는 법이다. 이렇게 자연의 변화를 몇 번 크게 느끼고 나면 황혼의 나이가 되는 것이다. 참 슬프고도 허망하다. 모든 것이 지나고 나면 다시는 볼 수 없는 것들이라는 사실도 가슴 저리게 한다.

사람도 다를 바 없다. 모든 만남은 평생 단 한번의 만남이다. 출근 전 아내와 자녀를 봤지만, 퇴근 후의 그들은 다른 존재다. 아침에 봤을 때의 아내와 자녀는 더 이상 이 세상에 존재하지 않는다. 모습은 같지만, 떨어져 있는 동안 다른 것을 경험하고, 느꼈기에 같다고 할 수 없다. 그런데 사람들은 그 차이를 알지 못한다. 차이를 알고 다르게 볼 수 있다면, 그것을 느끼는 삶이라면 모든 만남이 소중할 텐데 말이다. 그리고 그 만남에 집중하고, 최선을 다할 것이다. 그로써 서로에게 최면이 잘됨은 당연하다. 그런 가정이라면 어떨까? 늘 사랑과 애정이 가득 넘칠 수밖에 없다. 항상 내 곁에 있는 존재와 언젠가 헤어지게 된다는 사실을 인지하고, 싸움보다는 감싸주는 시간도 늘어난다.

결국, 세상은 얼마나 느낄 수 있느냐에 따라서 행복

의 크기가 달라진다. 경제적인 여유도 똑같다. 식당 하나를 차려도 손님들이 원하는 서비스의 깊이를 느끼고, 음식 맛도 최상으로 느끼도록 운영한다면, 장사가 안 될 수 없다. 또 장사가 잘되면, 고객들에게 느끼는 고마움이 커질 것이고, 그것을 고객이 느낄 수 있도록 진심을 다해 서비스를 제공하게 된다. 고객도 그 진심에 감동받아 다시 찾는다. 긍정의 카테고리 안에서 선순환이 일어나는 것이다.

잘 느끼고 행동하기 위해서는 중요한 사실과 진리를 배우고, 매 순간 크게 느끼는 시간을 가져야 한다. 세상을 대충 받아들이고, 무감동과 무감각으로 살기보다, 어떤 사물이나 현상에 대해 크게 느끼면서 그 본질이 무엇인지 느껴본 사람들만이 그 감동과 가치를 남에게 전달하고, 의미 있는 삶을 살 수 있다. 인생에서 꼭 느껴야 하는 것을 느끼려고 노력을 하지 않는 사람은 계속 의미 없고, 허망한 것에만 집중하며 산다. 삶의 중요한 진리들을 느끼지 못한 이들은 진리 외의 허망한 것들에 최면 당해 산다는 말이다. 의미 없는 것에 오랫동안 최면 당해온 사람들은 나쁜 생활 습관이 무의식에 그대로 굳어버려 수많은 책을

멘탈을 바꿔야 인생이 바뀐다

읽고, 좋은 말을 들어도, 정말 의미 있는 것이 무엇인지 느낄 수 없게 된다. 또한 의미 없는 것에 최면 당했기 때문에 사람들을 의미 있는 것으로 최면 시키지 못한다. 그러면 자신의 뜻대로 되지 않는 세상을 더욱 원망하고 저주할 것이며, 느끼는 것이라곤 온통 세상의 부조리와 고통뿐일 것이다.

그 가운데 어떤 사람들은 반드시 알아야 할 진리를 남들보다 이른 나이에 크게 느끼고, 그 자체에 최면 당해 행동까지 일치시킴으로써, 자신이 느낀 것을 다른 사람들도 가치 있는 것으로 느낄 수 있도록 최면으로 이끌면서 살아간다. 그리고 당연히 누구에게나 감사와 칭찬을 듣는 사람으로 행복한 인생을 산다.

젊음의 가치를 느끼며 살아라

"젊음은 젊은이에게 주기에는 너무 아깝다." 영국의 극작가 조지 버나드 쇼의 말이다. 젊음은 유한한 인생의 짧은 시간이지만, 인생 최고의 순간이라는 의미를 담고 있다. 이 순간의 소중함과 가치를 진정으로 느낀다면, 많은 것을 빨리 이룰 수 있을 텐데 하는 아쉬움이 남기도 하는 한마디다.

나는 이 말을 20대에 깊게 느꼈다. 덕분에 20대에 또래에 비해 부지런히 노력하고 움직여서 기회를 만들고, 젊음의 패기로 직업을 만들 수 있었다. 절대 젊음을 술이나 다른 무의미한 행동으로 허망하게 보내지 않았다. 대학원생부터 낮에는 상담 공부를 하고, 오후부터 밤늦게까지 학원에서 학생들을 지도했으며, 현재는 박세니마인드코칭센터를 설립해 많은 성인 수강생의 인생을 변화시키며 20년을 치열하게 살아왔고, 앞으로도 그럴 것이다. 나는 여전히 젊음을 느낀다. 이렇게 치열하게 살 수 있는 것 자체가 젊음을 의미한다.

찬란하고 아름다운 20대와 30대는 두 번 다시 돌아오지 않는다. 인생 최고의 시기에 누구보다 집중하고, 치열하게 사는 것이 현명한 자의 선택이다. 많은 사람이 이것을 느끼지 못하고, 쓸데없는 것에 정신을 빼앗긴다. 의미 없는 것에 최면 당하면서 어이없게 시간과 감정을 낭비한다. 이에 나는 수강생들이 나의 가르침을 통해서 지금이라도 완전히 세상을 받아들이고, 느껴야만 하는 진리를 크게 느끼도록 한다.

예전에 마지막 수업에 무엇을 느꼈냐고 물어보면 "선생님이 말씀해주신 것 하나하나 충격으로 다가왔습니다."라고 말하는 학생들이 있었다. 내가 원하는 것이 바로 이렇게 '충격'이라고까지 느낄 수 있는 상태다. 충격이라고 느꼈다면, 그 학생은 내 가르침이 의식을 넘어 무의식까지 연결되어 그것들을 생활에 활용하게 된다. 사람마다 어떤 사물과 사람 그리고 진리를 대할 때 느낌의 강도가 다르다. 이 세상의 주인이 되는 정도는 바로 그 느낌의 강도에 비례한다.

제대로 느껴야 강해진다

나는 눈물이 많다. 영화를 보다가도 울고, 안타까운 사람들의 이야기를 듣다가도 운다. 책을 보다가 오열하기도 하고, 수강생들을 가르치면서도 진리에 감격해서 눈물이 나는 것을 참느라 힘든 경우도 많다. 어릴 적 나는 남들에 비해 우는 것을 싫어했는데, 인생을 깨닫게 되면서 나의 이런 세심한 성격이 얼마나 나를 강하게 만들었는지 알게 됐다. 내가 울 수 있었던 것은 누구보다도 강한 세상을 느꼈던 덕분이고, 그렇게 모든 면에서 크게 느낄 수 있어 큰 힘을 내고 더욱 강해진 것이다.

자기최면이 되어야 타인최면이 된다고 제자들에게 늘 강조하는데, 이 말도 자신이 충분히 느끼면서 고도로 집중된 최면 상태가 되어야 남을 강력하게 최면 상태로 빠지게 만들 수 있다는 뜻이다.

인생은 결국 최면이고, 멘탈이라는 사실을 명심하라. 지금이라도 이 진리를 알았다는 사실에 감동하라. 그리고 당신이 세상을 느끼는 그대로 타인을 최면하고 살 수 있음을 기억하라. 제대로 세상을 느끼려면 제대로 된 진리를 많이 알고, 마음에 새기는 시간과 노력이 뒷받침 되어야만 가능하다. 이 책도 여러 번 읽어야 내가 말하는 '최면'이란 것을 '아는' 정도를 넘어 깊이 있게 '느낄' 수 있게 될 것이다. 그리고 느끼는 순간 당신의 멘탈이 달라질 것이고, 달라진 멘탈은 당신에게 놀라운 인생을 선물해줄 것이다.

2 왜 명품을 입어도
인정받지 못하나?

고스트 아미가 주는 메시지

1990년대 제2차 세계 대전 관련 비밀 문건에 의하면 '고스트 아미'에 대한 내용이 있다고 한다. 고스트 아미라고 불린 이 부대의 임무는 실제로는 존재하지 않는 군대를 존재하는 것처럼 꾸며서 적을 교란시키는 것이었다. 또 부대원은 배우, 화가와 같은 예술가부터 건축가, 광고회사 직원, 음향전문가, 무대연출가 등으로 구성됐다. 인원은 1,000여 명에 불과했지만 가짜 탱크, 가짜 장갑차, 가짜 미사일 등을 진짜처럼 배치했고, 음향 효과로 수만 명의 군사가 주둔하는 것 같은 소리를 만들었다. 가짜 바퀴 자국을 만들기도 하고, 하루 종일 흙먼지를 일으켜 어마어마한 병력이 이동하는 듯한 연출을 하기도 했다. 실제로 연합군의 포로가 된 독일군 장교의 증언에 따르면, 4만 명 이상 규모의 부대일 것이라고 예상했지만, 수백 명밖에 안 되는 인원이 꾸민 쾌거였다. 또 1945년 라인강 도하 작전에서는 엉뚱한 곳에 도하할 것처럼 기만 전술을 펼치면서 독일을 속였고, 그 사이 미군은 수만 명의 희생을 감수해야 할 상황을 안전하게 수행했다. 그렇게 고스트 아미는 제2차 세계 대전 중 20곳의 주요 전투에서 승리를 이끌어내는 데 큰 역할을 했다. 이들은 적군을 속이기 위해 아군까지도 철두철미하게 속이면서 작전을 짰고, 미국 정부는 전쟁이 끝난 후에도 고스트 아미를 다시 활용할 수 있을지 모른다는 생각에 부대원들의 신원을 숨겼다고 한다.

멘탈을 바꿔야 인생이 바뀐다

가짜가 판치는 세상, 진실로 다가가라

겉으로 보기엔 비슷하지만 근본적으로 아주 다른 것을 사이비라고 한다. 비슷해 보이지만 제대로 보면 진짜가 아니란 것이다. '양두구육羊頭狗肉'이란 사자성어가 있는데, 양의 머리를 걸어 놓고 개고기를 판다는 뜻으로, 겉은 훌륭해 보이지만 속은 그렇지 못한 것을 가리키는 말이다.

고스트 부대가 전쟁터에서 보여준 기만전술은 훌륭한 생존 수단이 됐다. 하지만 전쟁터가 아닌 일상에서는 당장 화려하게 보이는 포장된 모습으로 남을 속이려 하기보다는 진정성으로 채우는 노력이 우선돼야 한다. 변화되지 않은 본질을 번지르르한 포장으로 싸놓는다고 해도 언젠가는 벗겨지기 마련이다. 만일 거짓된 모습으로 타인을 속이는 데 성공하더라도 평생 거짓말로 살아야 하기에 결국 남는 것은 허망함뿐이다.

진정한 행복은 진실에서 시작한다

스티브 잡스의 아버지는 보이지 않는 가구 뒷면에도 좋은 목재를 사용했다고 한다. 숨은 진실은 결국 드러난다. 숨은 거짓도 마찬가지다. 바로 이 점에서 명품과 짝퉁을 가르는 결정적인 차이가 생긴다.

우리 인생도 마찬가지다. 다른 사람의 기준에 의해서가 아닌 나 자신을 설득할 수 있는 진정한 행복을 추구한다면, 보이지 않는 삶의 구석구석까지도 스스로 납득할 수 있는 가치로 살아간다면, 훗날 삶을 반추할 때 약간의 아쉬움이 남을 수는 있지만, 후회는 없을 것이다.

자신을 속이지 말고, 인정하고, 온전하게 받아들이길 바란다. 그것이 가능할 때 비로소 진정한 행복을 느끼고, 내 삶에 감사할 수 있게 된다. 그리고 그렇게 완전히 자신의 것으로 체화된 지식이나 진리는 타인에게도 제대로 전달되면서 큰 힘을 미칠 수 있다.

3 재능보다 중요한 것은 꾸준함이다

번지르르한 겉모습에 속지 마라

자신의 겉모습으로 속이는 사람이 많다. 눈으로 볼 때는 영웅, 현인, 지도자, 학자 등 그럴싸해 보인다. 스스로도 정말 그런 사람인 줄 착각하기도 한다. 하지만 이는 자기기만이며, 진짜가 나타나면 자취를 감춘다. 태양 앞에서 물러나는 어둠처럼. 그런데 안타까운 것은 시간이 흐를수록 진짜와 가짜를 구분하는 사람이 줄어든다는 사실이다. 제대로 된 지식도 없이, 증명할 만한 경험도 없이, 입으로만 현혹시키려는 자들에게 놀아나는 것이다.

진짜가 아닌 가짜들은 사람들에게 헛된 희망을 주고, 망상을 하게 만든다. 진짜는 실전 경험이 많고, 그 실전을 성공적으로 이끌어내기 위해 여러 측면으로 진정성 있는 조언이 가능하다. 또 꾸준한 노력을 강조한다. 반대로 가짜는 풍부한 경험이 없어 자신의 상황에 통했던 부족한 지식으로 그것이 전부인 마냥 떠든다. 이로써 노력은 생각만 해도 겁이 나고, 하기 싫은 평범한 사람들은 근거 없는 꾐에 넘어간다. 이미 우리 사회 곳곳에서 벌어지고 있는 악순환이다.

특별한 왕도란 없다

이 같은 태세에 일침을 가하는 일화가 있다.

멘탈을 바꿔야 인생이 바뀐다

옛날 중국에 대사마, 지금의 국방부장관 신분을 가진 사람 집에 갈고리를 잘 만드는 장인이 있었다. 여든이라는 고령에도 갈고리 하나만큼은 누가 봐도 경탄이 절로 나올 만큼 잘 만들었다. 그런 그에게 대사마가 "어떻게 이렇게 갈고리를 잘 만들 수 있소? 특별한 비법이 있습니까?"라고 물었다. 그러자 갈고리 장인은 "딱 하나 있습니다. 스무 살 때부터 갈고리를 만들었고, 그때부터 다른 일은 쳐다보지 않고, 오직 갈고리 만드는 일에만 평생을 쏟았습니다. 제 온 정성을 다해 계속해서 만들다 보니 잘 만들게 된 것입니다."라고 답했다.

사실 왕도는 없었다. 평생을 바쳐 정성을 다한 것이 고수가 된 비결이다. 사람들은 최종적인 결과물만 보고 판단하지만, 어떤 한 가지에 온 정성을 다해 오랜 시간을 투자하며 노력한다면, 반드시 잘하게 된다.

또 하나의 일화가 있다.

시선 이태백이 어렸을 때 뛰어난 스승을 찾아서 공부하다가 싫증을 느껴서 산에서 내려왔다. 그리고 산천을 유랑하다가 어느 계곡에 앉아 있는데, 계곡 아래쪽에서 한 노파가 바위에 열심히 도끼를 갈고 있었다. 이를 기이하게 여긴 이태백이 노파에게 질문했고 대화가 이어졌다.

이태백	할머니, 뭐 하려고 도끼를 갈고 있어요?
노파	바늘을 만들려고 한다.
이태백	이렇게 큰 도끼가 어떻게 바늘이 됩니까?
노파	그만두지만 않는다면 분명히 만들 수 있지.

이 말을 듣고 큰 깨달음을 얻은 이태백은 노파에게 큰 절을 하고, 다시 산으로 올라가 공부를 계속했다고 한다. 공부를 하다가 마음이 흔들릴 때면 그 노파가 했던 말을 생각하면서 마음을 다시 잡았다고 전해진다. '마부작침磨斧作針'이라는 사자성어가 여기서 유래했다. 아무리 재능이 있는 자도 오랜 시간 꾸준하게 노력하는 사람을 못 이기는 법이다.

멘탈을 바꿔야 인생이 바뀐다

위대한 업적은
꾸준함이 만들어낸다

『토지』는 한국을 대표하는 문학작품 가운데 하나로 꼽힌다. 저자인 故 박경리 작가는 1969년 9월부터 토지를 연재했고, 원고지 31,200장에 이르는 장대한 작품을 25년 만인 1994년 8월 15일 끝을 맺었다. 토지를 완성해가는 그 긴 세월 동안 암으로 큰 수술을 받기도 했고, 사위가 구속되는 괴로움도 겪었다. 여러 고난 속에서도 그녀는 끊임없이 나아갔다. 박경리 작가의 "내가 토지를 쓴 것이 아니라 토지가 나를 몰고 갔다."라는 말 속에서 무언가에 몰입하면 반드시 성과를 낼 수 있음을 알 수 있다. 느리더라도 꾸준히 나아가는 것 외에 위대한 업적을 이룰 수 있는 삶의 태도는 없다.

제대로 해보지도 않고, "적성에 맞지 않아.", "재능이 없어."라고 한다면, 결국 자신은 그 이상, 이하도 될 수 없다. 명심하자. 성공에 있어 가장 중요한 것은 재능이 아니라, 꾸준함이다.

4 지금은
인류 출현 이후
가장 성공하기
쉬운 시대다

단연코 성공하기 쉬운 시대다

우리는 지금 인류 출현 이후 가장 성공하기 쉬운 시대에 살고 있다. 이 말을 듣고 "무슨 소리야?"라며 황당한 표정을 지을 수 있겠지만, 단연코 이 시대는 성공하기 쉬운 세상이다. 심지어 가난하고, 어려운 환경에서 태어났다 하더라도, 바뀌지 않는 진실이다.

과거에는 신분제가 있었기 때문에 귀족계층이 아니면 성공이 불가능했다. 그러나 지금은 개천에서 태어나도

멘탈을 바꿔야 인생이 바뀐다

본인이 제대로 노력만 한다면, 최고가 될 수 있다. 대표적으로 前 이명박 대통령은 어릴 적 풀빵장수를 할 만큼 가정 형편이 좋지 않았다. 그 외에도 소위 밑바닥이라 일컫는 불우한 환경을 뛰어넘어 최고가 된 사람도 많다. 그리고 사람들은 그들에게 열광하고, 우호적인 태도를 보인다. 그들이 이렇게 만들 수 있었던 근본 바탕은 무엇일까? 앞서 수차례 언급했듯 자신을 믿고, 열정적으로 행동함으로써 자기최면과 타인최면을 한 것이다. 그리고 돈은 생각에서 나온다는 것을 증명해 보였다.

성공의 시간을 도서관에 투자해라

돈이 생각에서 나온다는 것을 증명하기 위해 젊은 시절 가장 많은 시간을 보내야 하는 장소는 어디일까? 바로 도서관이다. 돈을 벌고 싶다면, 분야의 최고가 되고 싶다면, 문제를 해결하려는 '생각'을 해야 한다. 그 분야의 최고 해결책을 제시할 수 있는 사람이 성공하는데, 각 분야의 전문가가 모여 있는 곳이 바로 도서관이다. 도서관은 모든 성공한 자의 정신과 문화가 고스란히 녹아있는 책을 마음껏 볼 수 있는 곳이다.

과거엔 도서관이 지금처럼 많지 않았다. 성균관이 있었지만, 귀족만 출입이 가능했다. 지금은 형편이 어떻든 언제든지 도서관에 갈 수 있는 세상이다. 많은 도서관이 24시간 개방 상태로 "나를 읽고 부자 되세요.", "나를 통해 위대해지세요."라며 항시 대기 중이다. 그런데도 젊은이들은 도서관보다 말초신경을 자극하는 곳에 더 높은 관심을 보인다. 성공할 시간을 갉아먹으면서. 아이러니하게도 이들은 자신이 어떤 행동을 했는지 돌이켜보지 않고, 성공하지 못하면 성공하기 어려운 이유부터 찾는다. 그리고 세상이 힘들고, 노력해도 안 된다고 푸념한다. 안타깝지만 그들은 어떤 시대에 가든 성공하지 못한다.

마음껏 배우고 즐기며 성공하라

지금이 성공하기 쉬운 이유는 또 있다.

국가 간의 교류가 활발해지고 인터넷 등 정보 공유 속도가 빨라지면서 시·공간을 초월하는 시대가 열렸다. 손흥민이 축구라는 영역에서 월드클래스라는 사실을 대한민국 국민만 아는가? 전 세계가 안다. 또 각종 SNS로 지구 반대편에 있는 사람과 실시간으로 소통이 가능하며, 배우고 싶은 것이 있다면 굳이 오프라인으로 찾아가지 않더라도 온라인으로 쉽게 배우고 익힐 수 있다. 한마디로 '우물 안의 개구리'로 사는 것을 피할 수 있다는 것이다. 과거에는 최고의 스승이 어디에 있는지 어렵게 정보를 입수했더라도 대륙과 바다를 건너는 것이 힘들었고, 언어의 장벽에 부딪혔고, 풍토병 등 수많은 위험을 무릅써야만 했다. 하지만 지금은 마음만 먹으면 언제 어디서든 최고의 스승을 찾을 수 있는 세상이 됐다. 어디에 있든 하루면 모든 나라의 스승을 만날 수 있다.

과거에 태어난 영웅들은 남들보다 뛰어난 열정으로 노력했겠지만, 어찌 보면 하늘이 운명적으로 그를 영웅으로 선택한 것이 아닌가 하는 생각이 든다. 그러나 지금은 노력만 뒷받침되면 자신의 운명을 바꿀 수 있는 기회가 넘친다. 당신이 지금 이 시대를 살고 있는 것은 큰 축복이다. 기회의 시대에 태어난 것에 감사하고, 제대로 노력하는 방법을 배우고 실천해야 한다.

사는 것이 힘들다고 입버릇처럼 말하는 사람들이 있는데, 만약 과거 노비 신분으로 살아야 했다면 어땠을지 생각해 보라. 상상만으로도 끔찍한 일일 것이다. 이 시대에 살고 있는 당신은 이미 큰 축복과 기회를 누리고 있다. 이 사실을 크게 느끼면서, 마음껏 배우고 즐기고 성공하라.

5 노력 없이 얻은 열매는 금방 잃는다

모든 결실에는
대가를 지불해야 한다

매실 밭을 가진 한 남자가 있었다. 그는 매일 힘을 들이지 않아도 매실이 주렁주렁 열리게 해 달라고 신께 기도했다. 놀랍게도 다음 해 여름 매실이 주렁주렁 열렸고, 남자는 기쁜 마음으로 탐스럽게 잘 익은 매실을 한 입 베어 물었다. 그리곤 바로 매실을 뱉어버렸다. 매실에서 아무 맛도 나지 않았기 때문이다. 다른 매실도 먹어봤지만 맛없기는 마찬가지였다. 남자는 신에게 매실 맛이 왜 이러냐고 따졌다. 신이 대답했다.

"노력 없이 얻는 열매는 맛이 나지 않는다."

물질에 삶의 가치를 담아라

주식으로 1,000만 원 넘게 수익을 낸 초등학생이 있었다. 국내 언론은 물론 BBC를 비롯한 외국 언론에서도 취재를 해가는 등 세간의 관심을 한 몸에 받았다. 내가 운영하는 유튜브 채널에도 출연 의사를 밝혔지만, 단호히 거절했다. 자신의 힘으로 주식에 투자할 종잣돈을 마련한 것이라면 남다른 노력과 대단함을 인정할 수 있겠지만, 듣기로는 어릴 때부터 주변 어른들이 준 돈으로 투자한 것이라고 했다. 물론 그 아이가 잘한 것을 흠집 내려는 마음은 없다. 하지만 주식활황장 속에서 돈을 번 것만으로 투자의 천재인 것처럼 포장해서는 안 된다고 생각한다. 그리고 이 아이도 주변 사람들로부터 들는 "대단하다.", "잘했다."라는 칭찬에 취해 있을 텐데, 장기적으로는 그 아이의 인생에 전혀 도움 되지 않을 뿐더러 독이 될 것이다.

주식 투자를 하지 말라는 것이 아니다. 그보다 어린 나이에는 세상을 더 폭넓게 배우는 것이 먼저다. 주식보다 인생을 바라보는 관점과 사람들에 대한 이해, 그리고 자신의 정신에 대한 지식을 제대로 갖추는 것이 우선이란 말이다. 정신적인 뒷받침 없이 투자를 한 것이라면, 일견으로는 처음에 빠른 성취를 한 것처럼 보이겠지만, 진정한 의미의 성취는 어려울 수 있다. 돈을 버는 행위가 어떠한 의미인지, 그 방식이 어떤지 등 폭넓은 시야를 확보하지 못한 채로 큰돈을 벌었던 사람은 그보다 쉽지 않은 길은 피할 방법부터 찾는다. 하지만 삶은 피하고 싶은 곳에 중요한 가치와 의미가 숨어 있는 법이다.

이 시대 수많은 사람은 삶에 중요한 가치와 의미를 찾고, 그것을 소중하게 키워내는 것보다, 손쉽고 빠른 지름길을 추구하는 경향이 있다. 그러나 삶에 대한 의미와 가치를 깨닫지 못하면, 아무리 많은 물질적인 부분이 생

기더라도 결코 행복할 수 없다. 오히려 그 물질을 감당할
수 없게 된다.

의미를 부여한 삶이 행복하다

옛 중국에서는 조상의 피를 이어받았
다는 이유로 어린아이를 신위의 자리에 앉혀 놓고 조상에
게 제사를 지냈다. 그 아이를 신동이라고 했는데, 그냥 자
기 자리에만 멀뚱멀뚱 앉아 있었을 뿐 벌어지고 있는 일
에 대해서 전혀 알지 못했을 것이다. 이렇게 남이 앉혀놓
은 높은 자리에서 아무리 절을 받고 귀한 대접을 받더라
도 정작 그 아이에게는 실속이 없는 것이기에 시체와 같
은 자리라고 해서 시위尸位라고 했다.

비단 직위에만 해당하지 않을 것이다. 재물이든 명
예든, 오랜 노고 없이 얻는 그게 무엇이든 간에 오래 지속
될 수 없고, 무엇보다 그 결실이 알차지 못하기에 달콤함
도 없다. 물려받은 재산이나 복권으로 당첨된 돈, 투기로
얻은 돈이 헛되게 사라지고, 가치 있게 쓰이지 못하는 이

유가 여기 있다.

> 사막이 아름다운 것은 어딘가에 우물을 감추고 있기
> 때문이야. 이제 별들이란 별들은 모두 낡은 도르래가
> 있는 우물로 보일 거야. 별들이 모두 나에게 물을 부
> 어줄 거야. 아저씨는 5억 개의 작은 웃는 방울들을 갖
> 게 될 거고 나는 오억 개의 샘물을 가지게 될 테니.
>
> - 생텍쥐페리 『어린 왕자』 중에서

어린 왕자는 자신의 별로 돌아가도 지구에서 어렵
게 우물물을 퍼 올렸던 기억을 떠올릴 것이라 했다. 그렇
게 어느 한 별에서 물을 퍼 올렸던 기억이 있기에 밤하늘
이 더욱 아름다울 것이라 말했다. 어린 왕자의 관점에서
보자면, 갈증을 참으며 우물물을 퍼 올린 것이 힘겨운 노
동이 아니라, 5억 개의 빛나는 샘물을 갖게 되는 아름다운
과정이었던 것이다.

명심하자. 우리가 살면서 경험하는 모든 것에 더 멋
진 의미를 부여하고, 살아가는 자세야말로 행복한 삶을
살기 위해 가장 필요한 태도다.

6

목표 달성을
하기 위해서는
환경을 설정하라

환경을 바꾸는 사람이
목표를 이룬다

목표를 이뤄내는 사람과 목표를 이루지 못하는 사람의 차이는 무엇일까? 대부분 각자 가진 능력 차이라고 생각한다. 하지만 나는 우선 환경에서 오는 차이에서 많은 부분이 바뀐다고 확신한다. 사람은 처음에는 자신이 처한 상황에서 노력할 수밖에 없다. 이로써 환경의 질적인 차이가 노력의 정도를 결정하고, 거기서 발전해 나가는 인생을 살아간다. 그에 반해 어느 시기부터 자신에게 주어진 환경에 굴복하지 않고, 자신의 발전에 필요한 환경을 의도적으로 만들어가는 사람이 있다. 바로 자신이 원하는 것을 분명히 아는 사람이다. 목표가 뚜렷해야 거기에 집중하면서 발전에 불필요한 것을 가지치기하고, 지속적인 발전이 가능한 환경을 만들 수 있어서다.

자신의 삶에서 반드시 이뤄야 하는 목표가 있다면, 원하는 것 이외의 요소를 수없이 품고 있는 세상으로부터 자신을 보호할 수 있는 환경을 만들어야 한다. 초집중하는 삶을 살기 위해 그것을 방해하는 요소들로부터 멀어져야 한다는 의미다. 진정으로 바라는 것을 되뇌며 마음속 깊이 새기는 것도 중요하지만, 한편으로 인간이 얼마나 쉽게 흔들리며 탈선할 수 있는지도 인정해야 한다. 집중하는 힘을 뺏길 요소가 많은 환경 가운데 자신을 있게 하고, 자신의 인내심과 의지력을 테스트하는 것보다, 불필요한 요소들로부터 멀찍하게 떨어져 지내는 것이 낫다는 말이다.

통제하려면 존재 자체를 지워라

약 30여 년 전, 내가 초등학생 6학년 때 일이다. 당시 시력을 교정해주는 학원이 있었다. 기억으로는 1~2년 정도 유행했다가 사라졌다. 5학년 즈음 시력이 떨어져 안경을 쓰게 됐고, 안경을 착용하는 아버지가 아들도 안경을 쓰게 된 것에 마음이 불편했던지 시력교정학원을 다니게 했다. 더욱이 그 시절엔 안경을 안 쓴 아이들이 더 많았던 때다. 매일 40분을 시력 강화 훈련을 받는데, 눈 감은 채로 눈동자에 고주파를 보내기도 하고, 적외선을 쬐기도 하는 식이었다. 원장은 훈련을 통해 교정된다고 확신했고, 결과적으로 내 시력도 다소 향상됐다. 재미있는 사실은 그 훈련이 효과 있을 수밖에 없었다는 것이다. 어린 나이의 아이들이었기에 순수하게 믿고 따르게 되면서 플라시보 효과가 있었거니와 결정적으로 TV 시청을 완전히 끊은 것이 관건이었다. 돌이켜보면 그때만 해도 매일 TV 시청을 조금씩이라도 하는 것이 일반적인 가정의 모습이었는데, 나는 시력교정학원에 다니는 동안 TV를 전혀 보지 않았다. 부모님이 TV를 없앤 것은 아니었지만, 내 마음과 머릿속에서 TV에 대한 생각을 완전히 지웠고, 그로써 시력이 향상될 수밖에 없었던 것이다. 그렇게 1년 이상 TV를 전혀 보지 않았던 경험은 나에게 조금이나마 스스로 통제했다는 뿌듯함을 선물했다.

무엇을 통제하고 싶다면, 마음속에서 그 존재를 사라져 버리게 하면 된다. 가령 탄산음료 줄이기를 한다고 할 때, 주중엔 마시지 않고, 주말에만 마신다는 규칙을 정하기보다, 아예 마음속에서 탄산음료의 존재를 빼버리는 것이 통제하기 쉽다. 이런 이유들로 기숙학원이 존재하고, 산중수련이 필요한 것이라 생각한다. 적당히 타협하는 것이 아니라, 목표 성취를 위한 최적의 환경 속에 나를 가두는 것이 확실하고 멋진 방법이 된다.

현대 사회를 살아가면서 정말 주의해야 할 점이 있다면, 기술이 발달하고, 자본주의가 번성하면서 환경적으로 목표를 이루는 데 불필요한 요소가 자꾸만 늘어나고 있다는 것이다. 특히 인터넷, SNS를 통해 수많은 사람이 자신의 목소리를 내고 있고, 그것에 하나하나 관심을 준다면, 정말 원하는 것을 이루기 위해 할애해야 할 시간과 에너지가 소진될 수밖에 없다.

선택적 무시가
당신을 성공으로 이끈다

　나는 어릴 적부터 TV 뉴스를 보지 않는다. 요즘도 PC나 휴대폰으로 뉴스를 보는 편이 아니다. 여러 이유가 있지만 바로 나의 목표에만 집중해야 하는 시간을 빼앗기고 싶지 않아서다. 그리고 뉴스에 나오는 이야기 대부분이 사회의 문제와 부조리를 다루고 있으며, 객관적이지 않고, 선택적 주의에 의거한 관점을 갖고, 사람들을 최면 시키고 있다고 생각하기 때문이다. 그래서 혹시라도 부정적인 생각이나 감정들이 생겨날까 봐 피하는 것이다. TV를 봐야 사회를 알 수 있다는 사람들도 있지만, 사실 정보에 민감하지 않아도 사람들은 언제나 문제가 있는 존재이며, 그런 부분을 해결할 수 있는 지식과 능력을 제대로 키우는 것에 집중하고 산다면, 얼마든지 부자로 살 수 있다.

성공하려면 자신의 삶에서 불필요한 요소들을 분명히 인식하면서 선택적인 무시를 할 수 있어야 한다. 그렇다고 배움을 피하고, 사람들의 피드백을 회피하는 것이 아니다. 단지 어떤 사물이나 사람들에게서는 아무런 가치나 영양분을 받을 수 없음을 알고 있기 때문에 나를 위해서 의도적으로 하는 것이다. 이는 세상과의 단절이 아니기에 두려움을 느낄 이유가 전혀 없다. 오히려 나를 위한 의도적 단절로 마음에 평화가 오고, 진리에 대한 확신이 더욱 커나갈 뿐이다.

미래에 멋진 사람으로 살고자 한다면, 불필요한 환경 요소를 철저히 전략적으로 무시해야만 한다. 현재 자신의 정신에 입력되고 있는 수많은 정보 중에서 멋진 미래를 방해하고 있는 것이 무엇인지 면밀하게 생각해보기 바란다.

7 부자 마인드는 따로 있다

지식 내면화가 되지 않으면 부자가 될 수 없다

심리치료사, 심리상담가, 심리컨설턴트 등 대한민국의 심리전문가라고 일컫는 사람들의 한 달 소득은 얼마 정도일까? 사실 나는 다른 사람의 벌이에 관심이 없는 사람 중 한 명이다. 오로지 '내가 할 수 있는 최선의 노력으로 남들과 다르게 제대로 하고 있는가?'에 신경 쓴다. 그 덕분에 20대부터 억대 연봉의 심리전문가가 됐다고 믿는다. 그런 나는 현재 우리나라 심리전문가 가운데 최고 소득을 올리고 있고, 2023년 4월 기준 월 최소 수입이 3억 원이다. 만일 내가 더 벌고자 했다면 더 많이 벌었을 것이라 확신한다.

돈을 충분하게 못 버는 사람들의 특징이 있다. 바로 지식이 부족한 것이다. 그들은 세상과 인간에 대한 제대로 된 진리와 지식 쌓기가 선행되지 않았다. 더 문제는 자신의 문제를 정확하게 짚어내지 못하고, 전혀 엉뚱한 곳에서 찾는다. 가령 시대 타령을 한다거나, 사주팔자가 나쁘다거나, 아직까지 적성을 못 찾았다거나, 자본금이 없다거나 하는 등의 이유를 실시간으로 찾아낸다. 그러면서 자신의 힘든 상황을 정당화 한다. 왜 이런 행동과 생각을 하는 것일까? 꼭 알아야 할 지식의 내면화가 되지 않은 상태로 삶을 살아가고 있기 때문이다.

최고가 되려면 최고에게 배워라

최고가 되는 가장 확실하고 빠른 방법은 최고에게 배우는 것이다. 그런데 아이러니하게도 이 진리를 아무리 이야기해줘도 사람들은 행동으로 옮기지 않는다. 대신 자신이 접근하기 편한 실력이 뒤떨어지는 전문가를 찾는다.

돈을 벌고 싶다면 그 전에 반드시 세상의 이치를 깨닫고 정신을 맑게 만들어야만 한다. 만일 정신을 제대로 그리고 멋지게 만들어놓지 않으면, 오히려 돈은 불행으로 작용한다. 돈의 무게를 감당할 수 없기 때문이다.

돈보다 가치 전달에 집중하라

나는 많은 돈을 벌어들이고 있지만 언제나 노력한다. 늘 다른 사람에게 무엇을 나누며, 어떤 가치를 전달하고 있는가를 생각하면 가슴 뛰고 설렌다. 타인을 도우면서 가슴 뛰지 않는 자는 돈을 잘 벌 수도 없고,

행여 소가 뒷걸음쳐 개구리 잡는 격으로 만족할 만한 돈을 벌게 될지라도 결국 그 돈은 독이 된다.

돈을 쉽게 벌고 싶어 하거나, 돈을 목적으로 삼기보다 자신의 일에 전념해 '어떻게 하면 타인에게 내가 알고 있는 가치를 잘 전달할 수 있을까?'라는 고민을 하며 삶을 살아가면, 인생이 행복해지는 것은 물론 돈도 자연스레 따라온다.

8 똑똑한 사람은 넘치지만 성공하는 사람은 드물다

정보는 지혜로워야 통한다

시간이 갈수록 아는 척 하는 사람이 많아지는 것 같다. 또 몇 년 전만 해도 20대 학생들은 듣는 태도가 좋았다. 그런데 지금은 그런 학생이 줄고 있다. 왜 그런 것일까? 여러 이유가 있겠지만 한 가지 분명한 이유는 정보가 넘치는 세상으로 변해가고 있기 때문이다. 스마트폰으로 검색만 하면 원하는 정보를 얻을 수 있으니 굳이 다른 사람에게 들을 필요가 없다고 생각하는 듯하

멘탈을 바꿔야 인생이 바뀐다

다. 그러나 어떠한 정보든 지식이 있고, 지혜로운 사람에게 의미 있다.

예를 들어 요리에 대한 지식이 없는 사람이 대형식료품점을 방문했다. 아무리 둘러봐도 무엇을 어떻게 얼마나 구매해야 할지 머릿속이 혼란스럽기만 할 것이다. 반대로 요리를 좋아하거나 전문적으로 하는 사람이라면, 빠른 시간 안에 오늘 저녁 메뉴에 사용할 재료를 선택하고, 다른 재료도 둘러보는 여유를 보인다. 이렇듯 지식을 갖추고 있어야 수많은 정보 중에서 필요한 부분을 뽑아내 나에게 적용할 수 있다.

시·공간을 초월하는 지식을 쌓아라

자, 당신이 5년 전 신문을 읽었다고 가정해보자. 현시점에서도 신문에 실린 정보가 유용할까? 대부분이 그리 중요하지 않을 것이다. 그럼 이번엔 10년 전 감명 깊게 읽은 책을 꺼내 다시 한번 읽어 보라. 신문과 달리 '이런 내용이 있었어?', '이 중요한 것을 전엔 왜 못 느꼈을까?' 등의 감정이 일어난다. 여기서 알 수 있듯 시간이 조금이라도 흐르면 진부해지는 것이 정보고, 10년, 20년 뒤에도 계속 활용할 수 있는 것이 지식이다.

보통 인터넷과 TV, 신문 등에서 얻을 수 있는 내용은 정보이고, 책에서 얻을 수 있는 것이 지식이다. 정보가 중요하지 않다는 이야기를 하려는 것이 아니다. 다만, 정보는 관련 지식이 풍부하고, 그것을 바라보는 지혜가 있어야 진정한 가치를 발휘할 수 있다고 말하고 싶을 뿐이다.

지식 정보화 시대의
성공 키워드는 지혜다

현대 사회는 하루하루 다르게 정보와 지식이 넘쳐나고 있다. 그것을 제대로 활용만 한다면 어떠한 일이라도 멋지게 해내고, 크게 성공할 수 있다고 믿는다. 현재는 정보와 지식이 없어 성공을 못했다고 하는 말을 아예 꺼낼 수 없는 시대다. 이런 세상에서는 지혜를

멘탈을 바꿔야 인생이 바뀐다

제대로 갖추고 있느냐 없느냐에 따라 희비가 엇갈린다.

지식 정보화 시대에서 성공하려면 반드시 지혜로움을 갖추는 노력을 제대로 한 뒤 지식과 정보를 활용해야 한다. 이렇게 하려면 지혜로움이라는 무기를 갖춰 불필요하고, 무가치한 정보와 지식을 흘려버리면서 꼭 필요한 정보와 지식만을 얻어낼 수 있어야 한다. 그 노력을 바탕으로 정보와 지식을 체화하면, 단언컨대 세상 그 무엇도 두렵지 않은 멘탈과 자기 확신을 갖출 수 있다고 자신한다.

9 '나'를 믿고 타인도 믿게 하라

나를 믿어야 나를 지킨다

험난한 세상에서 나 자신을 지키며 나답게 살아가는 방법은 무엇일까? 무엇보다 언제 어디서나 "나를 믿는다."는 문장을 가슴 깊이 새기는 것이 아닐까 한다. 나를 가장 믿어야 할 사람은 바로 자기 자신이어야 한다. 수많은 선현도, 책에서도 자신을 믿으라고 한다. 자신을 진심으로 믿는 사람은 특별해 보인다. 주변 사람들과 신뢰를 쌓기도 하고, 그것을 통해 기회를 창조함으로써 성공에도 가속도가 붙는다. 이 간단하고 명확한 진리를 믿고 받아들이면, 멋지고 행복한 인생을 살아갈 수 있음에도 수많은 사람이 자신을 믿는 방법을 모른 채 살아가고 있다. 또 그 진리를 받아들이지 않기도 한다.

질문을 해보겠다.

"당신은 당신을 믿는가?

믿는다면 얼마만큼 믿고 있는가?

어떤 상황에서도 당신 자신을 진정으로 믿을 수 있는가?

다른 사람들도 당신을 믿고 있는가?

또한 당신이 자신을 믿는 그 이유는 무엇인가?"

답하기 어렵다면 나의 이야기를 해보겠다.

2023년 현재 나는 나를 믿는다. 나는 20대 중반부터 나를 믿기 시작했다. 언제부터 믿어왔는지가 중요하므로 밝혀둔다. 현재 나는 선릉역 APEX타워 9층을 내 사무실로 이용하고 있다. 2020년 9월에 분당 센터를 매각하고 강남역 센터로 확장 이전했다. 100여 평의 공간 한 층을 통으로 사용한다. 보증금 약 2억 원에 월세는 1,000만 원이 훌쩍 넘는다. 그리고 아마, 현재 대한민국에서 심리전문가로서는 가장 많은 수입을 올리고 있을 것이다. 2004년부터 학원계 최초로 심리 수업을 만들어 억대 소득을 달성해왔고, 마음먹으면 한 달에 3억 원 이상의 수익을 내기도 한다. 2020년 1월에 시작한 유튜브 채널 〈박세니마인드코칭〉 구독자 수는 10만 명이 넘었다. '박세니'를 네이버에 검색하면 나를 스승이라고 칭하는 수많은 수강생 글이 나온다. 오늘 아침에도 다른 교육업 대표와 이사가 센터에 방문해 협업을 제안했다. 이렇게 나는 나를 믿고 있으며, 많은 사람이 나를 믿고 있다.

하지만 사실 나는 20대 중반 이전까지는 나를 완전하게 믿지 못했다. 나만 나를 못 믿는 시기였지 않나 한다. 비단 나뿐만 아니다. 대부분의 사람이 평생 자신을 온전하게 믿지 못하고 살아간다. 모든 사람이 자신을 믿고 싶어 하지만, 처음부터 자신을 믿지 못하는 환경 속에서 성장하기도 하고, 자신을 믿기 위해 기울여야 하는 노력을 제대로 알지 못하기 때문이기도 하다. 그리고 그들은 주변 사람에게 부정적 암시를 남긴다. "그건 할 수 없어.",

멘탈을 바꿔야 인생이 바뀐다

"돈 버는 건 아주 힘든 거야."와 같은 말들이다. 자신을 믿지 못하는 사람들 역시 자신을 믿지 못하는 많은 사람으로부터 부정 암시를 받아왔기에 똑같이 행동하는 것이다.

살던 대로 살기 싫다면 선택해라

부정 암시를 계속해서 받고 살아왔다 하더라도 두 가지 선택지가 있다. 하나는 계속 자신을 피해자라고 여기면서 자기 연민에 빠져 살아가는 것. 이 선택에는 어떤 노력도 필요하지 않다. 그냥 살아오던 대로 살아가면 된다. 대신 안타까운 자들에게 농락당해야 한다. 다른 하나는 자신을 믿지 못하면서 당신에게 부정의 암시를 준 사람들을 안타깝게 여기고, 지금까지 받은 부정 암시들을 제거하는 것이다. 그리고 스스로 삶을 개척한 사람들처럼 되려고 노력하는 것이다. 명심할 것은 이 선택을 한다면 반드시 지식을 믿고 공부해야 한다. 이 실천은 기존에 당신을 힘들게 만든 그 모든 순간을 보상해 줄 만큼 큰 환희와 행복을 당신이 원하는 대로 안겨줄 것이다.

당신도 나처럼 공부하는 쪽으로 선택했으리라 믿는다. 나도 많은 사람을 만나고 교육하느라 하루하루가 바쁘지만, 틈나는 시간에 글을 올리면서 타인에게 도움이 되려고 한다.

그럼 나 자신을 믿기 위해서는 어떻게 해야 할까?

첫째, 자신을 믿지 말고, 진리를 먼저 믿어야 한다. 가난한 자들이 가진 특징 중 하나가 경험자의 말보다 자신의 판단을 믿는다는 것이다. 나는 어릴 적에 부정적인 사람들로부터 그들의 생각을 옮겨왔었다. 만약, 계속 그 상태를 지속해 살아갔다면 굉장히 불행하고 궁핍한 삶을 살고 있을 것이다. 다행히도 20대 초반부터는 초라한 나 자신을 인식하면서 나를 믿지 말아야겠다는 생각을 했다. 왜냐하면 나를 믿는다고 아무리 발버둥 쳐도 남들이 나를 믿어주지 않았기 때문이다. 그래서 다른 사람들로부터 강력한 믿음과 존경을 얻어내는 삶에 관심을 갖고, 그들이 가진 공통된 점을 배우기 시작했다. 그리고 세상에는 중요하고, 가치 있는 진리들이 존재한다는 사실을 깨달았다.

진리를 믿는다는 것은 진리를 입에서 바로 말할 수 있고, 더 나아가 행동으로 나오는 상태를 말한다. 그렇게 진리를 제대로 믿는 상태로 행동하고, 시간이 흐르면, 진리가 내면화된 나를 믿어주는 사람이 늘어난다. 이렇게 성장하기 위해서는 반드시 진리를 먼저 내면화해 멋진 인생을 살고 있는 스승과 선배의 힘을 빌려야 한다. 그들에게 질문하고, 피드백 받고, 인정받는 수준이 돼야 한다는 말이다. 그 후엔 나 자신을 믿는 것이 너무나 당연한 일이 된다.

세상에 존재하는 강자들은 다들 각자의 영역에서 최선을 다해 노력한 자들이다. 각 분야에서 최고로 인정받는 사람들은 분명한 공통점이 존재하는데, 진리를 믿고 활용한다는 것이다. 그러므로 당신이 진리를 내면화해서 그런 존재들에게 진리가 내면화된 행동을 하면서 기회를 달라고 요청한다면, 그들은 당신을 파트너로 인정하고, 기회를 줄 것이며, 당신도 강자가 될 수 있다.

둘째, 사람이 온 힘을 다해 노력하면 얼마나 대단한 존재가 될 수 있는지를 믿어야 한다. 인간이 가진 잠재력을 진심으로 믿으란 소리다. 그렇지만 잠재력에 대해 인지 자체를 못하고 살아가는 사람이 대부분이다. 이 잠재 능력은 목숨을 걸만한 분명한 목표가 있고, 목표를 위한 충실한 행동을 이어가는 사람들만 발휘해낼 수 있다. 그래서 잠재력을 발휘해낸 삶을 살았던 이들을 보면서 인간이라는 존재 내면에 숨어 있는 능력을 세팅하는 것이 반드시 선행돼야 하는 것이다. 인간의 위대함을 먼저 확실하게 이해하고 믿는다면, 자신을 위대한 존재처럼 만들고 싶은 욕구와 함께 내면의 힘이 생성되므로.

인간의 위대한 힘을 느끼지 못하고 살아가는 사람들은 평상시에 "인생 별거 없어.", "노력해도 거기서 거기지.", "운명은 이미 결정된 거야."와 같은 자포자기의 말을 자주 내뱉는다. 물론 목표도 진심도 없는 상태로 살아간다면, 하찮고 보잘것없는 존재가 될 수도 있다. 하지만 인간은 진심으로 굳은 결심을 하고 노력하면, 신보다 위대해질 수 있다고 믿는다. 사람들은 신이 전지전능한 존재

멘탈을 바꿔야 인생이 바뀐다

라고 하는데, 그런 존재라면 어떤 일을 성취하든 별 감흥이 없을 것이다. 하지만 인간은 시간과 공간의 제약을 받는 등 많은 한계가 있지만, 최선을 다해 노력하면 불가능해 보이던 일도 가능하게 만들 수 있다. 이로써 한계를 초월해 성취하는 사람을 보면 우리는 그에게서 신과 같은 느낌을 받는다.

나에게는 인간이 마음을 먹으면 얼마나 위대해질 수 있는지를 보여준 많은 스승이 있다. 처음에는 그들이 존경스럽고 부러웠으며, 시간이 지난 후에는 그들도 했다면 나도 할 수 있다는 생각을 굳혔다. 나라는 인간도 진심을 담아 최선을 다해 노력한다면, 많은 것을 이루고 얻어낼 수 있다고 강력하게 믿은 것이다. 그러니 자신을 진정으로 믿고 싶다면, 이미 위대함을 증명한 사람들을 진심으로 믿고 따라 해보면 된다. 그러기 위해서는 초월적인 능력을 증명한 사람들을 조사하고 연구해야 한다. 한 명 한 명 언급해주고 싶지만, 도서관만 가더라도 수많은 책을 통해 얼마든지 그들과 만날 수 있다. 또 자신의 관심 영역에서 초월적인 능력을 보인 이를 연구하는 것도 큰 도움 되니 스스로 찾길 바란다.

　셋째, 무의식을 제대로 이해하고, 무의식의 힘을 잘 활용해야 한다. 인간의 무의식은 90%를 차지한다. 그 영역 모두 사용하는 것이 불가능할지라도 최대한 더 활용하려는 자세와 노력은 반드시 필요하다. 사람들은 태어나면 누구나 노력한다. 성공하려고 노력하고 애쓰지만 언제나 최후의 승자가 되는 사람들은 소수에 불과하다. 그 소수는 무의식의 힘을 이해하고 활용하는 노력을 했고, 대부분은 노력하는 법 그 자체를 모르면서 노력하고 있다.

　무의식의 활용 정도는 사람마다 달라서 제대로 활용하는 자와 그렇지 못한 자의 격차는 하늘과 땅 차이라고 해도 과언이 아니다. 사람이 제대로 진심으로 어떤 것을 바라고 염원해서 그것이 무의식에 꽂히고, 저장된다면, 반드시 그것을 이루게 된다. 무의식에 목표가 새겨지면 모든 행동이 그 목표를 이루기 위한 것으로 초점이 맞춰지는 덕분이다. 자신이 원하는 것을 무의식에 새겨지게 하는 방법에 대한 지식도 사람들은 잘 알지 못한다. 그래서 어떤 사람들은 말로는 자신이 원하는 것이 분명하다고 하지만 행동을 보면, 그의 무의식은 자신이 원하는 것을 제대로 인지하지 못한 상태임을 증명한다. 의식의 차원에서만 자신이 원하는 것을 생각하고 있을 뿐이다. 무의식을 제대로 활용하지 못하고 살아간다는 것은 밑 빠진 독에 물을 붓는 짓을 하는 것과 다름없다. 눈물 나게 노력했지만 노력한 만큼 결실을 맺지 못하는 것보다 슬픈 일은 없을 것이다.

우리 인간이 돈을 벌거나 명예를 얻는 과정에서도 결국 타인의 협조와 인정을 얻어내야만 가능하다. 그래서 내가 타인에게 무엇을 제안하거나 협상할 때도 반드시 상대의 10% 의식이 아닌 90% 무의식에 최대한 전달해야만 한다. 그렇기에 어떻게 하면 상대가 의식의 차원에서 내 말을 튕겨내지 않고 무의식으로 받아들이게 할까를 연구하고 또 연구해야 한다. 무의식의 언어가 되는 상상력을 자극하는 언어를 자연스럽게 활용한다든지, 언제나 신뢰를 줄 수 있는 태도를 취하고, 행동하는 것들이 일상에서 자연스럽게 이루어져야 한다.

넷째, 내가 만나는 사람들이 나를 믿도록 해야 한다. 자신을 믿는다고 외치고 다짐하는 것도 필요하지만, 남들이 나를 믿어주지 않는다면 공허하고 무의미 할 것이다. 우리는 많은 사람이 믿는 사람을 쉽게 믿는다. 그러니 자신이 많은 사람이 신뢰하거나 높은 위치에 올라가 있는 사람들로부터 인정받는 사람이 돼야 한다.

그렇다면 많은 이에게 인정받는 사람은 어떤 사람일까? 누구에게나 통하는 진리를 내면화 한 사람이다. 그로써 행동들이 일관되고, 어떤 상황에서도 진리에 따른 언행을 하기에 사람들이 좋아하고, 따르고, 인정한다. 또 가치 있는 진리를 제대로 내면화 했기에 아무리 혼란스러운 상황일지라도 그 안에 숨은 법칙을 파악해 더 나은 해결책을 제시하는 지혜도 있다. 그리하여 다른 사람에게 도움 주는 것이 자연스러워지고, 점점 더 믿음 가는 사람이 된다. 특히 유력 인사들이 믿으면, 믿음의 크기는 더 커진다. 그러니 최대한 자신이 갖고 있는 지식을 더욱 가다듬어서 최고의 위치에 도달한 자들에게 활용할 수 있도록 계획하고, 실천하도록 하라.

멘탈을 바꿔야 인생이 바뀐다

믿게 하려면 적극적으로 움직여라

나도 20대, 30대에는 수많은 학원, 기업, 사람에게 나를 어필하고, 강의하고, 도움을 주며 다녔다. 하지만 40대가 된 지금은 굳이 움직이지 않아도 나를 믿는 사람들의 지인들이 자발적으로 모여든다. 만일 자신을 믿는다면, 부디 다른 사람도 당신을 믿을 수 있도록 적극적으로 행동하기 바란다. 처음에는 그 위력이 미미할 수도 있다. 하지만 눈사태도 시작은 미미하다. 진정성 있는 노력의 시간이 쌓여갈수록 머지않아 걷잡을 수 없을 만큼 강력한 위력이 생기고, 행복한 시간을 누릴 것이다. 자신을 믿고, 세상으로 나가길 바란다. 명심하라. 실전만이 당신에게 자유를 준다는 사실을.

10 운명은 처음부터 바꿀 수 있는 대상이다

우리는 절망을 스스로 만든다

사람들이 절망에 빠지는 이유는 무엇일까? 여러 이유가 있겠지만 단순하게 설명하면, 현재 상황에서 미래의 모습을 예측하기 때문이다. 가령 '지금 집이 없으니 10년, 20년 뒤에도 없겠지?', '이렇게 가난하니 시간이 지나도 똑같겠지?' 등의 생각을 무의식적으로 계속 뿜어내면서 스스로 절망으로 초대하는 것이다. 자신도 모르게 부정적이고, 빈곤한 상상을 하고 있으니 의욕이 생길 수가 없다. 더 큰 문제는 이러한 사람 주변에 같은 생각을 가진 사람이 많다는 것이다. 그래서 부정적인 사고로 구축된 사람들끼리 어울리면서 미래를 변화시키기 위해 노력해도 부족한 시간을 술과 오락 따위에 소모한다.

운명을 바꾸려면 만나는 사람을 바꿔라

운명을 바꾸려면 만나는 사람을 바꾸어야 한다. 운명을 바꾸려면 주어진 운명에 순응해, 체념하고 사는 존재들을 벗어나, 운명을 개척한 삶을 살아가는 사람들과 교류해야 한다. 그렇다고 양질의 삶을 만들어 살아가는 사람들과의 만남에서 얻으려고만 하면 안 된다. 한쪽에게만 의미가 있다면 상대방이 다음 만남을 원할까? 당연히 원하지 않게 되어 일회성에 그치고 만다. 그러므로 더욱 돈독한 사이로 발전시키려면 지식 쌓기가 선행돼야 한다. 상대방도 의미와 가치를 느낄 수 있는 노력을 해야 한다는 뜻이다. 어떤 방법이 있을까?

가장 쉬운 방법이 독서다. 나 역시 어린 시절 최면에 대한 책을 모조리 찾아서 읽었다. 그리고 심리학에 관련된 책을 꾸준히 읽어나갔다. 여기서 핵심은 짧은 시간에 몰아서 보았다는 사실이다. 매일 내가 확보할 수 있는 시간만큼 몰입해 책을 보다 보면 일정 기준이 넘어서면서부터 마치 잔에서 물이 넘치듯이 축적된 지식을 활용하는 행동을 하게 된다. 그때부터 운명을 바꿔내는 삶을 사는 사람들 입장에서도 관심 대상이 된다. 어떤 분야의 책을 봐야 할지 모르겠다고 하는 사람이 있을 수도 있다. 하지만 이는 불필요한 걱정이다. 어떤 분야의 책이든 심취해서 계속 보고 또 보다 보면, 새로운 호기심이 생긴다. 그러면 그 호기심에 따라 관련 도서를 읽으면 된다. 이 흐름을 이어가다 보면 궁금해지고, 더 깊이 공부하고 싶은 분야가 자연스럽게 뿌리 내린다.

결국 한 분야의 책을 파고 또 파면, 그에 대한 메타인지가 확실히 자리 잡히고, 자신이 쌓은 지식을 다른 사람에게 나누며, 돕고 발전시킬 수 있는 방법을 연구하게 된다. 같은 분야의 지식을 똑같이 갖췄다 해도 사람마다 성공한 정도가 다르므로 염려할 필요 없다. 축적한 지식을 실전에 적용할 때 실력 차이가 나기 때문이다. 내가 지금까지 꾸준하게 강조했듯 지식을 바탕으로 상대방을 최면에 빠지게 하느냐 하지 못하느냐에 따라 승패가 나뉜다.

도서관에 운명을 바꾸는 비밀이 숨어 있다

대부분 비판 의식과 거부감을 최소화해야 한다는 부분을 지나치는 실수를 저지른다. 그로 인해 애써 쌓은 지식을 상대방에게 온전히 펼치지 못한다. 그런데 깊숙이 들어가 보면 자기최면이 제대로 되지 않아 타인최면을 하지 못했음을 알 수 있다. 지식을 자기 무의식에 각인하는 방법을 잘 몰라 타인에게도 통하지 않는 것이다. 그러나 지식을 제대로 쌓고 사람들에게 그 지식을 그들의 무의식에까지 전달할 수 있게 만든다면 단언컨대, 운명은 바뀔 것이다. 그것이 한없이 어렵게 느껴지더라도 도서관에 가면 이미 자신의 운명을 바꾼 자들이 쓴 책이 넘쳐난다. 다른 장소에서 운명에 대한 이야기를 부질없게 하지 말고, 도서관에서 보내는 시간이 운명을 바꾸는 데 가장 효과적이고, 가장 처음 해야 할 일임을 명심하자.

멘탈을 바꿔야 인생이 바뀐다

11 행동하면서 생각하라

남의 생각을 좇지 말고
내 생각을 키워라

인문학에 조예 깊은 사람을 만날 때가 있다. 그들이 대화할 때 여러 철학자의 생각을 인용하는 것을 보면 꽤 많은 책을 읽어왔음을 짐작할 수 있다. 그런데 간혹 자신의 이야기는 거의 없는 경우가 있다. 그저 유명 철학자 또는 사상가의 이야기를 책에서 본 대로만 전하는 것이다. 그것이 중요한 이유와 삶에서 어떻게 적용하는지를 설명하는 사람은 드물었다.

이들은 대체로 자신의 생각에 자신감이 없어 다른 사람에게서 답을 찾으려는 마음이 크다. 그로 인해 자신의 사고를 키우면서 당당함을 갖추기보다 스스로 부족함을 느끼며, 타인의 생각을 좇는 인생에서 벗어나지 못한다. 쉼 없이 공부하고, 무엇인가 이룬 것 같지만, 그럴수록 마음 한구석에서는 계속 부족함을 느낀다. 이렇게 오랜 시간이 흐르다 보면 결국 행동하지 못하는 사람이 되고 만다. 머릿속에 생각이 너무 많기 때문이다. 이 생각, 저 생각들이 서로 얽히고설키는 것이다.

많은 지식을 쌓은 듯 보이는 사람들이 예상보다 실천력도 약하고, 결과물을 내지 못하는 이유가 여기 있다. 지식을 실제로 잘 활용하려면, 알게 된 지식의 경중을 제대로 파악해두어, 마주한 상황에 제일 필요한 것이 무엇인지를 꺼낼 수 있어야 한다. 그래야 지식끼리 충돌하는 현상을 피할 수 있다. 많이 아는 것도 중요하지만, 제대로 심도 있게 잘 아는 것이 더 중요한 이유다. 내가 이 책에서뿐만 아니라 강의에서도 본질적인 지식을 정신의 기저에

멘탈을 바꿔야 인생이 바뀐다

입력해야 한다고 강조하는 것도 같은 맥락이다.

본질을 깨닫고 Just do it

본질을 알면 세부적이고 부수적인 부분은 전문가답게 본능적으로 반응하고 대처하는 것이 가능하다. 행동하면서도 생각할 수 있는 'Just do it!'이 비로소 가능해지는 정신 상태가 되는 것이다. 그러나 본질을 깨닫지 못한 채 무작정 여러 지식을 얻는 데에만 힘을 쏟는 사람들은 여러 생각의 늪에 빠져 행동할 에너지를 소진시킴으로써 행동이 나오지 않는다. 체계를 갖추지 못한 지식이 오히려 성장과 성공에 큰 걸림돌이 돼버리는 것이다.

이 세상에서 통하는 법칙은 심오하지만 한편으로는 단순하다. 그래서 하나만이라도 제대로 깊이 알고, 그것만을 실전에서 사용하기만 한다면, 시간이 흐른 만큼 결과물을 내고, 사람들이 인정하는 고수가 되어간다.

생각 담긴 행동이
행복을 가져다준다

만일 많은 고민으로 복잡한 상태에 있는 자신을 발견한다면, 가장 핵심적인 법칙만을 추려내어 그것에 집중하고, 작고 사소한 일이라도 바로 시작해보길 바란다. 자신이 현재 할 수 있는 것을 리스트로 만들고, 그것에 에너지를 쏟아라. 반드시 거창한 것부터 시작할 것이 아니라 당장 할 수 있는 것부터 바로 해보는 것이 현명하다. 처음부터 높은 목표로 삶의 중요한 문제들을 슬기롭게 해결해 낸 사람은 없을 것이다. 성공하는 사람은 남들이 알아채지 못하는 소소한 행동을 꾸준히 쌓아 올렸기에 성공할 수 있었다. 그러니 행동하면서 생각해라. 행동하며 생각할 수 있어야 더 큰 행복을 얻게 될 것이다.

멘탈을 바꿔야 인생이 바뀐다

PART 5

멘탈을 바꿔야
인생이 바뀐다

1 성격은
마음먹기에 달렸다

우리는 시시때때로 가면을 쓴다

심리학에서 성격의 기원은 'Persona'
로 '가면'이라는 의미다. 즉, 성격은 고정불변의 대상이 아
닌 자신의 의지에 따라 얼마든지 바꿀 수 있는 유동적인
것이다. 만일 주변에서 성격이 안 좋다거나 이상하다는
말을 들어본 적 있다면, 실제로 당신 성격이 좋지 않아서
가 아니라 상황에 어울리지 않는 가면을 쓰고 있다고 볼
수 있다.

멘탈을 바꿔야 인생이 바뀐다

심리학자 칼 융은 인간의 무의식을 그림자에 비유했다. 태양 볕 아래 서 있으면 누구나 그림자가 생긴다. 그런데 자신의 그림자를 의식하면서 '오늘 내 그림자 멋있나?' 하고 생각하는 사람은 없을 것이다. 칼 융은 무의식은 분명히 존재하지만, 의식화하지 못한다는 점에서 그림자에 비유한 것이다.

제2차 세계 대전, 월남전 등에서 혁혁한 공로를 세운 전쟁 영웅들이 있다. 이들의 성격 유형은 어땠을까? 모두가 예상했듯 대부분 리더십이 뛰어나고, 저돌적이며, 용맹스럽고, 적극적인 성향의 소유자였다. 하지만 모두가 그렇지는 않았다. 평소에는 너무도 내성적이라 이웃들과 어울려본 적 없는 사람도 있었다. 그런 모습이 가능한 이유는 무엇일까? 앞서 언급한 칼 융의 '그림자'의 개념을 되짚어 봐야 한다.

소극적인 성향의 전쟁 영웅들은 누가 부러웠을까? 단연 외향적이고, 적극적인 사람들이었을 것이다. 이로써 햇빛이 강한 곳에서 그림자가 더 짙어지는 것과 마찬가지로, 극내향적인 사람들은 극외향적 특성이 내면의 무의식 속에 더 강렬하게 존재한다. 그런데 평범한 일상에서는 그림자에 드리워진 무의식 속의 성격을 알아채지 못하고 살다가 전쟁터라는 특수 환경, 즉 총알이 귓가를 스쳐 지나가고, 시체가 나뒹구는 극적인 상황에 처하면, 자신이 부러워하던 정반대의 성격이 겉으로 표출되는 것이다. 당신이 지금까지 부러워했던 성격의 특징은 이미 당신의 무의식 속에 모두 형성되어 있다고 볼 수 있다. 그렇다면 당신 안에 있는 잠재된 가능성과 좋은 성격 특성을 끄집어내 사용하는 것이 좋을까, 아니면 성격 가면을 다양하게 만들어 사용하는 것이 좋을까? 둘 다 나쁘지 않지만, 이미 무의식에 잠재돼 있는 것을 그대로 끄집어내서 사용하는 것이 더욱 효율적이고, 현명한 방법이라고 생각한다.

칼 융은 "인간에게 무의식은 보물창고와도 같다."라고 했다. 그는 자신의 무의식 속에 이미 필요한 모든 특성을 가지고 있다는 사실을 깨우친 것이다. 그리고 그는 깨달은 사람으로서 인간의 본질에 대해 매우 자유롭고 현명한 견해를 가지고 있었다.

멘탈을 바꿔야 인생이 바뀐다

이제 당신도 당신이 원하는 성격 특성을 이미 모두 가지고 있음을 깨달아야 한다. 그로써 원하는 부분에 확신을 갖고, 분명하게 드러낼 수 있는 멋진 존재가 됐으면 한다.

성격 탓하기 전에 잠재력을 믿어라

성격의 주요 특징을 언급하며 성격의 중요성에 대해 전하고자 함은 아니다. 단순히 성격보다 더 중요한 것이 있음을 알려주기 위해 설명이 길어졌다. 이쯤 되면 지금까지 지속적으로 이야기한 '매우 중요한 사실이지만 당신이 몰랐던 진리'가 성격보다 더 중요하다는 사실을 인지할 것이라 믿는다.

현재 당신의 성격이 누구에게 중요하다고 생각하는가? 바로 자신뿐이다. 특정 분야의 유명인이나 스타라면 그의 성격은 그를 존경하거나 좋아하는 누군가에게 중요한 관심사가 될 수 있겠지만, 현재 타인을 고도의 집중 상태로 만들 수 있는 능력이 갖춰지지 않은 당신의 성격은 아직 누구의 관심 대상이 아니다. 그런데 성공하지 못하는 사람들은 대개 자신의 성격이 자신의 발전이나 성공에 큰 걸림돌이라고 생각한다. 그럼에도 불구하고 누군가 기회를 주려고 "이 일 맡아서 해 봐."라고 할 때 "이 일은 제 성격과 안 맞는 것 같습니다."라고 말한다면, 그 사람은 기회를 놓쳐버리게 된다. 자신의 기준으로 설정해 놓은 성격의 틀에 갇혀버리면, 성공할 수 있는 수많은 기회를 놓치고, 영원히 '성격 탓'만 하면서 어려운 인생을 살게 된다. 그렇다고 성격을 무시할 수는 없다. 단편적으로 드러나는 의식적인 성격뿐만 아니라 내면에 잠재된 무의식적인 성격까지 하나로 생각하고, 스스로 통제하겠다는 마음이 확립되어야만 기존의 성격의 틀에서 벗어나 강한 자신감이 생기고, 뛰어난 능력을 가질 수 있게 된다.

공부도 그렇다. 내성적이면 모르는 것이 생겨도 소극적인 성격에 질문하지 않고 넘어가야 할까? 그렇지 않다. 무의식에 당당함이 있음을 인정하고, 그 모습을 이끌어내 답을 알아가는 노력을 해야 한다. 이 진리는 누구에

멘탈을 바꿔야 인생이 바뀐다

게나 중요하다. 인생에서 가장 중요한 것이 무엇인지 끊임없이 생각하고, 그것을 생활 속에서 실천하는 것에 열중하자. 그러면 성격의 틀을 뛰어넘는 사람이 될 것이다.

나를 어떻게 정의하느냐에 따라 인생이 달라진다

나는 직업상 수많은 학생과 학부모뿐만 아니라 특정 집단을 상대로 하는 일반인 등 굉장히 다양한 사람을 만난다. 그러나 여러 번 고백했지만 나는 지극히 내성적이고 수줍음 많은 성격의 소유자였다. 8살 때, 캠코더에 찍힌 모습만 봐도 알 수 있다. 어른들이 춤을 춰보라니까 나보다 어린 동생들은 모두 춤을 추는데, 나 혼자 손가락을 하나씩 접었다 폈다 하면서 출까 말까 눈치만 보고 있다. 지금 생각하면 별것도 아닌데 말이다.

만일 그렇게 소심한 나의 모습을 변하지 않는다고 믿었다면, 현재 이렇게 직업을 만들어서 교육하기는커녕 아주 소극적이고, 사회적으로 성취한 것도 없는 평범한 사람이 됐을 것이다. 마음이 약하고, 성공하기에 유리해 보이지 않는 성격의 소유자였던 내가 이렇게 변화할 수 있었던 것은, 내가 인정해야 하는 가치관을 젊은 나이에 정립하고, 그것을 바탕으로 자기암시와 자기최면으로 내면화하고, 생활에서 실천하면서 나의 성격을 '진리스럽게' 바꿔온 덕분이다.

"나의 성격은 진리스럽다." 당신도 기존의 편협한 성격의 개념은 잊고, 지금부터 진리스러운 성격을 만들어가기 바란다. 내가 어떻게 나를 정의하느냐에 따라 인생은 놀랍게 달라진다.

멘탈을 바꿔야 인생이 바뀐다

2 어려운 인간관계의 벽을 뛰어넘자

두려운 마음부터 정리해라

많은 사람이 인간관계로 힘들어한다. 그만큼 인간관계는 오랜 세월 동안 수많은 사람의 고민이었다. '열 길 물속은 알아도 한 길 사람 속은 모른다.'라는 속담이 있을 정도로 내 마음처럼 따라주지 않는 상대방의 행동에 의해 생겨나는 현상이다. 그러나 정말로 원만한 인간관계를 만들어가고 싶다면, 그것이 어렵다는 생각과 뜻대로 이뤄지지 않을지도 모른다는 두려운 마음을 극복해야 한다.

인간관계를 잘해야 한다는 강박증을 잠시 뒤로 하고 생각해 보라. 인간관계는 결국 '최면'을 잘하면 되는 것일 뿐이라는 사실을 알았으면 한다. 그러면 인간관계를 잘하기 위해 애쓰기 전에 한 분야에서 최면 상태 즉, 고도의 몰입 상태를 잘 만들려는 의미 있는 노력을 먼저 하게 될 것이다.

사람들은 자신이 잘하고, 중요하게 생각하는 것에 대해 다른 사람이 관심을 갖고, 질문하거나 배우려 하면 행복을 느낀다. 반대로 대중은 성공한 사람들에게 배우려고 한다. 이것만 봐도 성공한 사람들이 얼마나 행복한 삶을 살게 되는지 예상하리라 생각한다. 그들은 자신이 고도의 집중 상태를 만들 수 있는 영역이 있기에 당당하고, 행복한 인간관계가 가능하다.

한번 더 강조하지만, 풀리지 않는 인간관계에 집중하기 전에 당신만의 남다른 능력으로 당당한 멘탈을 유지하며, 상대방을 최면 상태로 만드는 데 주력하길 바란다. 그것이야 말로 멋진 인간관계를 만들어가는 가장 좋은 방법이다.

멘탈을 바꿔야 인생이 바뀐다

원만한 인간관계에 도움 되는 9가지 비결

인간관계를 원만하게 하기 위해서 알 아두면 좋을 몇 가지를 정리해 보도록 하겠다.

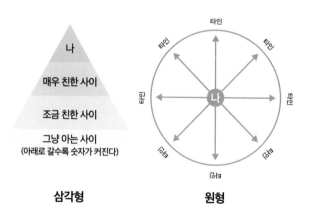

삼각형

원형

첫째, 인간관계의 구조를 이해하고, 잘 선택해라. 위의 모형 중 어떤 쪽이 더 멋진 인간관계라고 생각하는가? 가능하다면 오른쪽을 더 원할 것이다. 그런데 모든 사람에게 똑같은 관심과 사랑을 주며 사는 것은 불가능하다.

인간은 다른 사람에게 관심과 사랑을 주면, 그만큼 자신도 받기를 기대하는 습성이 있기 때문이다. 쿨하게 잊으면 가능하겠지만, 그것은 실제로 매우 어렵다. 삼각형처럼 친한 정도가 구분되어 있는 인간관계가 정상적인 형태다. 처음부터 원형의 인간관계를 맺으려는 생각부터 버려야 한다.

둘째, 타인이 하고 싶어 하는 말을 잘 들어줘라. 모임에서 상대의 말을 잘 들어주는 사람과 자신의 말만 주도적으로 하는 사람 중 어떤 사람에게 호감을 느끼는지에 대한 연구 결과가 있다. 당연히 사람들은 자신이 하는 말을 잘 들어준 사람에게 높은 호감을 보였고, 그 사람의 대화기술이 뛰어나다고까지 평가했다. 들어주기만 한 사람을 언변이 뛰어나다고 생각한 것이다. 이처럼 사람들과 인간관계를 잘하고 싶다면, 자신이 하고 싶은 말을 되도록 줄이고, 상대가 하려는 말을 잘 들어주면 된다.

그런데 남의 말을 잘 듣기보다는 자신의 주장만 감정적으로 앞세우는 사람들이 많아지고 있다. 대부분의 사람이 이야기하고 싶어 하는 주제는 자신이 잘 알고 잘하

멘탈을 바꿔야 인생이 바뀐다

는 분야다. 즉, 자기 자랑에 관한 것이 많을 수밖에 없다. 그걸 잘 들어주려면 어떻게 해야 할까? 나도 강한 자부심을 느끼고, 남들에게 자랑스럽게 보여줄 수 있는 실체가 있어야만 한다. 즉, 나도 한 분야에서 최면을 잘한다는 확신이 있어야 남이 하는 최면을 인정할 수 있다. 자신감이 없는 사람은 상대방의 이야기를 '대화'로 느끼지 않고, 아니꼬운 '잘난 척'으로 생각하므로 타인의 말을 잘 들을 수 없고, 따라서 대인관계가 어렵다.

정리하자면, 최면 상태를 만들지 못하는 사람은 나이가 들수록 인간관계가 더욱 어려워진다. 자신이 특정 영역에서 최면 상태를 확실히 만들지 못하면, 타인이 하고 싶어 하는 말을 완전히 받아들이지 못하기 때문에 인간관계가 수월하게 되지 않는다는 것을 알고, 인간관계 그 자체보다도 자신의 최면 상태를 잘 만드는 것에 집중해야 한다.

셋째, 불필요한 논쟁을 하지 마라. 어느 누구도 자신이 나쁜 사람이라고 생각하면서 살지 않는다. 다들 자신이 괜찮은 사람이라고 생각하고, 자신의 생각이 옳다고 믿는다. 그렇기에 불필요한 논쟁은 아무런 소득 없이 서로의 감정과 에너지만 소모하는 행위일 뿐이다. 이제부터 "논쟁은 바보나 하는 것이다."라고 마음속으로 되새기면서 소모적이고, 무의미한 타인과의 논쟁을 피해라. 그렇게 확보된 에너지와 시간은 의미 있게 만들어서 남들을 최면 시킬 수 있는 능력으로 기르면 된다.

'똥은 무서워서 피하는 것이 아니라 더러워서 피하는 것이다.'라는 속담처럼 불필요한 말싸움 따위로 시간 낭비하지 말고, 감정을 배제하고, 자신에게 유리한 방향으로 사람들을 최면 시켜라. 그래야 인간관계를 잘할 수 있다.

넷째, 이름을 기억하고 불러줘라. 개인에게 가장 가치 있는 것이 무엇일까? 바로 이름이다. 이름은 각자에게 큰 의미가 있는 단어다. 부모의 소망과 염원을 담고 있는 이름은 상대방에게 수없이 많이 불리고, 스스로도 말했으며, 많이 써왔다. 그렇게 수없는 반복을 통해 자신의 무의식에 완전히 박혀 있는 단어가 이름이다. 세상 모든 사람이 자신의 이름으로 자기최면 되어 있는 셈이다.

멘탈을 바꿔야 인생이 바뀐다

아버지는 내가 태어나기 2년 전부터 내 이름을 미리 지어놓았다고 한다. '박세니'. 힘과 용기와 지혜가 굳센 사람으로 성장하길 바라는 염원이 담겼다. 내가 태어난 1970년대에는 이런 한글 이름이 흔하지 않아서 사람들이 이상하게 여기기도 했지만, 나는 내 이름을 수없이 듣고, 쓰고, 말하면서 박세니란 뜻에 가깝게 되어 간 듯하다. 이렇게 자신의 이름은 훌륭한 자기최면의 도구가 된다. 자신의 이름 뜻만 확실히 되새기고 무의식에 새겨 넣을 수 있다면, 멋진 삶은 이미 시작됐다고 볼 수 있다. 이처럼 모든 사람에게 소중한 이름을 잘 기억하고 불러주는 것만으로도 호감도를 높일 수 있다. 더 나아가 타인의 이름을 좋은 쪽으로 연결시키고, 세상에 드러나게 해주면 더욱 높은 호감을 얻게 된다.

한 소년이 있었다. 그 소년은 친척으로부터 토끼를 선물 받았는데, 토끼의 번식력이 대단해서 매달 토끼의 수가 점점 늘어나 혼자서 감당할 수 없을 지경에 이르렀다. 혼자의 힘으로는 토끼들을 돌보기가 힘들어진 소년은 친구들을 불러서 토끼마다 그 친구의 이름을 붙여줬다. 그러자 친구들은 자신의 이름을 가진 토끼들을 먹여 살리기 위해 자발적으로 풀을 뜯어와 토끼들을 먹이고, 돌보기 시작했다. 그 소년은 타인을 어떻게 움직여야 하는지 어린 나이에 이미 터득한 것이다. 이 소년은 나중에 철강왕 앤드류 카네기가 된다. 어린 시절부터 다른 사람에게 가장 소중한 것이 무엇인지 파악하고, 남들을 움직이는 법을 터득했기에 대단한 부를 손에 넣을 수 있었다. 그의 묘비명에는 "나보다 더 대단한 자들의 도움을 얻을 수 있었던 자, 여기 잠들다."라는 말이 새겨져 있는데, 이 말은 "대단한 사람들을 타인최면 잘했던 자, 여기 잠들다."로도 읽을 수 있다.

다섯째, 피그말리온 효과를 항상 생각하자. 『그리스 로마신화』에 나오는 피그말리온Pygmalion은 갈라테이아라는 여성상을 만들고, 사랑에 빠진다. 갈라테이아를 완전히 사람처럼 여기고, 극진한 사랑으로 대하는 피그말리온의 모습을 본 아테네가 감동해 갈라테이아를 진짜 사람으로 만들어줬다는 이야기에서 유래된 용어다. 심리학에서 말하는 피그말리온 효과는 나의 강력한 믿음과 신념으로 타인을 대하면, 상대방이 내 믿음과 신념대로 변하게 된다는 것이다. 이 효과는 정말로 강력한 것이고, 이미 수없이 많은 실험을 통해 증명됐다.

한 예로 어느 학교에 교장 선생님이 새롭게 부임한 교사에게 학급의 5명을 무작위로 뽑아 지능도 좋고, 잠재력이 큰 아이라고 소개했다. 그리고 1년이 지난 후 그 5명은 정말로 성적이 눈에 띄게 향상됐고, 생활 태도도 좋아졌다. 이유가 무엇일까? 그 교사는 교장 선생님의 말을 믿고 그 다섯 명에게 늘 "넌 해낼 수 있는 사람이야."라며 격려한 덕분이다. 아이들은 선생님의 기대와 믿음대로 최면 당해 성적도 오르고, 자신을 좋게 바라봐 주는 선생님에게 잘 보이기 위해 바람직한 학생이 된 것이다.

인간관계를 잘하려면 이 피그말리온 효과를 잘 이해하고, 실천해야 한다. 세상에는 나와 맞는 사람과 맞지 않는 사람이 있다. 만약 당신과 맞지 않는 사람보다 맞는 사람의 수가 더 많다면 당신이 피그말리온 효과를 잘 이용하고 있다는 증거라고 볼 수 있다. 타인을 좋게 바라보고, 믿어줬기에, 상대방 역시 내가 바라는 대로 나에게 호의적으로 대해준 것이다. 피그말리온 효과를 잘 활용한다는 것은 곧 그 사람의 최면 능력이 훌륭하다는 의미이다. 인간관계를 잘하려면, 먼저 자신에 대한 확실한 믿음과 확신이 있어야 하고, 다른 사람의 내면에도 좋은 면이 있다는 확신을 갖고 만나야 한다.

여섯째, 투사를 이해해야 한다. 투사Projection effect 는 자신의 생각이나 감정 또는 동기를 타인에게 귀인 하는 것을 말한다. 누군가 나를 이유 없이 싫어한다고 생각한 적이 있을 것이다. 사실 그 사람이 날 싫어하는 것이 아니라 내가 그 사람을 싫어하기 때문에 생기는 감정인데, 거꾸로 생각하게 된 이유는 스스로 자신의 이미지에 손상을 주고 싶지 않아서다. 인간은 누구나 자신은 남을 미워하지 않는 좋은 사람이라는 생각을 본능적으로 갖고 있는데, 이 논리 때문에 상대방이 이상한 사람이라서 나를 싫어하는 거라고 믿어 버리는 것이다. 유치하고 이기적인 생각이지만 누구나 이런 경험을 한번쯤 한다. 이런 투사는 모두 무의식적인 것이다.

걸 그룹 MISS A의 〈Bad Girl Good Girl〉이란 노래 가사에서도 이런 투사가 나왔다. '춤추는 내 모습을 볼 때는 넋을 놓고 보고서는 끝나니 손가락질하는 그 위선이

난 너무나 웃겨'라는 부분이다. 춤추는 모습을 볼 때는 매력 있는 여자라 생각하지만, 춤이 끝나고 나면 자신과 연결될 여자도 아닐 테고, 다가갈 자신도 없기에 '저 여자는 품행이 단정하지 못한 여자야!'라고 일종의 자기 위안의 최면을 하는 것을 꼬집은 것이다.

투사도 부정적인 자기최면처럼 고질적으로 굳어진 사람이 너무 많다. 이런 투사를 해결하지 못하면 인간관계가 잘될 리가 만무하다. 똥 묻은 개가 겨 묻은 개 나무라는 격이다. 어릴 적 친구들 중에 입버릇처럼 "아, 쟤 너무 재수 없어."라고 입에 달고 다녔던 아이들을 자세히 지켜보면, 그 재수 없는 행동을 본인이 더 많이 하는 것을 볼 수 있다. 그러면서 다른 사람에게 "재수 없다."라고 말하는 이유는, 자신이 그 행동에서 자유롭지 못해서다. 만약 남들이 하는 소위 재수 없는 행동에서 내가 자유롭다면, 재수 없다는 말 대신에 "저 사람 참 안타깝다.", "내가 어릴 적에 해결한 문제를 나이 들어서도 계속하네." 같은 반응이 나와야 하는 게 마땅하다. 그런데 자신이 자유롭지 못하니 상대가 그 행동을 하면, 자신의 열등한 부분이 드러나는 빌미를 제공하는 것이므로 재수 없게 느껴지는 것이다. 누군가가 밉고 싫다면, 그건 자신이 해결하지 못한 부분이 투사돼 상대방이 그렇게 느껴지는 것임을 깨달아야 한다. 자신의 문제를 남에게 투사하지 말고, 스스로 해결해 나가는 노력이 긍정적 인간관계에 도움 된다.

일곱째, 남의 실수는 모른 척해라. 남이 실수한 것을 비웃고, 놀리는 사람들이 있는데, 이것은 아주 시급하게 없애야 할 나쁜 버릇이다. 난 항상 강의와 교육으로 바쁘게 살아서 목 상태가 좋지 않을 때가 많다. 그래서 발음하다가 음이 튈 때가 있는데, 그걸 못 참고 킥킥거리는 소수의 안타까운 수강생들이 있다. 이는 아주 좋지 않은 행동이다. 상대의 기분이 상함은 물론이고, 혹 그가 내게 어떤 기회를 줄 수 있는 사람일 경우에는 도움을 받지 못하게 되는 치명적인 결과를 초래한다. 차라리 모른 척하거나 "대표님, 강의가 많아 목 상태가 안 좋은가 봅니다. 목에 좋은 것 많이 드십시오."라고 한다면, 듣는 사람은 감동하여 그 학생을 더 챙겨주게 된다. 이런 사소한 말과 행동하나하나가 모여 상대방을 의미 있게 최면한다.

VIP들만 가는 고급 레스토랑에 갔다고 가정해 보라.

중요한 사람과 간 자리인데, 옆에서 서빙하던 직원이 실수로 그릇을 떨어뜨려 '쨍그랑'하고 큰 소리가 났다면 어떻게 하는 것이 가장 좋을까? "지배인 나와!"라고 소리치진 않을 것이다. 마음 착한 당신은 가서 도와줄 일 없느냐고 묻기도 할 수 있겠지만, 그것은 최선이 아니다. VIP인 당신이 괜히 도와주겠다고 팔 벗고 나서면, 그 직원은 오히려 직장에서 곤란한 입장에 처해질 가능성이 커진다. 그냥 아무 일 없던 것처럼 태연하게 행동한다면, 직원이 조용히 수습할 것이다. 더욱이 VIP와 동행한 자리가 아닌가. 단순히 식사하러 방문한 것이 아니라 VIP를 최면하려고 갔을 확률이 높다. 그런데 고도의 집중 상태를 이끌어서 어떤 일을 성사시키려고 하는 내가 남이 한 사소한 실수에 신경 쓰거나, 관심을 둔다면, 제 역할을 수행하고 있다고 할 수 있을까?

인터넷상에 안타까운 기사가 뜨면, 남이 한 실수를 곱씹으면서 그를 비웃는 데 시간을 허비하는 사람이 많다. 그런 사람이라면 성공은 고사하고, 인간관계를 잘 맺는 것도 어렵다. 인생은 최면이다. 이 말을 이해했다면, 남들이 잘하고 있는 것, 고도의 집중 상태를 만드는 것에 집중해야 한다. 다시 말해 탁월함에 집중하는 삶을 살아야 하는데, 나와 상관없는 제3자의 못난 점에 집중하고 산다면 얼마나 불쌍한 인생이 되겠는가. 이제 타인의 실수보다 탁월함에 집중해 그것을 칭찬하고, 배우려는 마음을 가지길 바란다.

여덟째, 칭찬을 자주 하자. 우리나라 사람은 칭찬에 인색한 편이다. 칭찬보다 시기와 질투에 더 많은 에너지를 쏟아붓는 사람도 많다. '사촌이 땅을 사면 배가 아프다.'는 속담이 있을 정도니 말이다. 사촌이 땅을 사는데 왜 배가 아파야 하는가? 참 한심한 속담이다. 축하하고, 그들의 뛰어난 점을 배워서 자신이 더 발전하는 자극제로 생각해야 성장이 있는 법인데, 상대방이 잘한 일을 평가절하 하는 것은 내 얼굴에 침 뱉기다.

남을 칭찬하고, 인정하는 것이 내가 더 발전할 수 있다는 것을 알고, 자신을 위해서라도 칭찬을 제대로 자주 해야 한다. 『칭찬은 고래도 춤추게 한다』라는 책 제목만 봐도 칭찬은 그만큼 위력이 대단하다.

칭찬은 남을 최면할 때도 매우 중요한 도구가 된다.

가령 나에게 기회를 줄 사람을 만나 그 사람을 칭찬한다 생각해 보라. 어떻게 칭찬해야 할까? 이때도 내가 말하는 최면이란 개념을 적용하면 된다. 인생은 최면이다. 고로 그 사람도 평생을 자신이 집중하고자 했던 최면의 대상이 있을 것이다. 그러니 '인생이 최면이다.'라는 틀로서 그를 대하면 된다. 어떻게 한 분야에서 최면 상태를 만들고자 노력하고, 많은 시간과 정열을 쏟았는지 느끼고, 그의 멘탈에 대해 칭찬하면 되는 것이다. 그러면 '아, 이 사람은 나를 정말 이해하고 있구나.' 하며 동질감이나 깊은 유대감을 형성하여 좋은 관계로 이어진다.

그런데 정말 칭찬해야 할 포인트를 모르고, 엉뚱한 것을 칭찬한다면 역효과만 불러일으킨다. 인생은 최면이라는 말의 의미를 이해하지 못하는 사람 즉, 한 분야에서 고도의 최면 상태를 위해 살지 않았던 사람 입장에서는 남을 칭찬하려 해도 어색하고, 어렵다. 고도의 최면 상태로 살아온 사람들이 어떤 마음으로 인생을 살았는지 전혀 알 수 없기 때문이다.

아홉째, 혈액형을 믿지 마라. 혈액형으로 사람들의

성격을 파악하는 것이 유행처럼 번진 나라는 전 세계에 우리나라와 일본밖에 없다. 나도 심리학을 모르던 어린 시절에는 혈액형을 믿었다. 혈액형별로 사람을 대하는 방법과 혈액형을 고려해서 이성에게 접근하는 방법을 쓴 책도 읽었다. 이처럼 우리나라에는 혈액형을 맹신하는 사람이 너무 많다. 내가 성인이 된 지금도 혈액형으로 성격을 알 수 있다고 주장하는 근거 없는 책이 비일비재하다.

나는 대학원 다닐 때 MBTI 자격증을 취득하고 연세대대학원 심리학과 주현덕 씨와 공동으로「혈액형이 사랑을 결정하는 요인이 될 수 있는가?: 혈액형별 사랑 유형과 연애 태도 특성」을 주제로 한 연구논문을 한국심리학회지에 기고했다. 사람들이 혈액형을 맹신하는 것 같아서 시간을 내어 시작한 이 연구는 혈액형과 성격적 특성 요인과의 관계를 알아본 이전 연구들에서 더 나아가 A. Lee의 '사랑의 유형론'을 척도화한 Hendrick과 Hendrick의 '사랑의 유형 척도Love Style Scale'와 연애 태도를 알아보는 연인 평가 척도인 'MALPS'를 사용해 496명을 대상으로 혈액형별 유형론의 타당성을 확인하고자 했다. 그 결과 사랑의 유형과 애인으로서의 태도 및 평가 기준에서 혈액형은 어떤 유의미한 연관성을 나타내지 않았다.

혈액형은 수혈을 위해서 알아야 할 부분이지, 성격, 심리 등을 점치는 데 이용해서는 안 된다. 그럼에도 불구하고 굉장히 많은 학생이 혈액형 유형별 성격 특성을 확신함으로써 다른 사람을 제대로 이해하고, 받아들이려고 하는 노력보단 잘못된 편견으로 사람을 대한다. 심지어 일본에서는 같은 혈액형 별로 반을 나누는 유치원이 있다고 한다. 그리고 A형 반 아이들이 시끄럽게 하면 교사가 "너흰 소심하고 조용한 A형인데 조용히 있어야 한단다." 그리고 O형이 조용하면 "너희는 크게 목소리 내고 활발하게 놀아라."는 식의 교육을 한다는 것이다. 이것은 아이들에게 큰 죄를 짓는 것이나 다름없다. 아이들을 자신의 편협한 생각에 가두고, 잘못된 최면 상태를 심어주는 아주 위험한 행동이다.

혈액형을 맹신하는 잘못된 믿음은 우리 사회에서 필요 없다. 전 세계 인구가 60억이라면 60억 개의 다른 성격이 존재하는 것이다. 인간관계를 잘하고 싶다면 60억의 성격을 단순히 4가지로 구분하는 혈액형부터 믿지 마라.

지금까지 제시한 몇 가지 사항을 반드시 기억하고 실천한다면, 인간관계는 눈에 띄게 좋아질 것이다.

멘탈을 바꿔야 인생이 바뀐다

3

기필코
미래지향적으로
살아라

끝없는 추억팔이는
뇌를 노화시킨다

많은 사람이 불안하면 과거 회상으로 떨어진 자신감을 회복하려고 한다. 가령 학창 시절에 반장을 했다느니, 동아리 활동을 멋지게 했다느니 하면서 소싯적 무용담들을 꺼내 추억에 젖는다. 그 행동으로 '예전에도 잘했으니 지금도 잘할 수 있을 거야.'라고 생각한다면 괜찮다. 하지만 '그때 참 좋았는데…….', '참 잘 나갔는데, 지금은……'과 같은 푸념으로 끝나면 안타까운 일이다. 과거에 빠져 사는 사람에게는 발전이 있을 수 없을 뿐만 아니라 여러 가지 안 좋은 일이 벌어질 수밖에 없기 때문이다.

이에 대한 내용을 뇌과학에서 어느 정도 밝혀내고 있다. 일본의 이화학연구소 연구진은 과거 기억을 오랜 시간 떠올리면 그것이 뇌에 저장되면서 '타우'라는 단백질을 축적하는데, 이 물질은 기억장애를 일으키는 것으로 알려져 있다. 즉, 장시간 추억에 잠기는 습관을 가진 사람일수록 뇌의 노화가 빠르게 진행된다는 것이다. 지금까지 타우는 나이가 들수록 축적되는 양이 늘어난다고만 알려져 있었을 뿐 근본 이유가 밝혀진 적이 없었다. 다만 이 실험을 통해 나이가 들수록 과거를 회상할 기회가 많아지면서 타우 축적량이 늘어나는 것으로 추측할 따름이다.

그러니 옛 친구를 만나서 "옛 시절이 좋았지……." 하는 정도의 추억팔이는 괜찮을 수 있어도, 언제나 옛일에 빠져 살아간다면 심신에 좋지 않은 영향을 주는 것과 같다. 최근 꼰대를 상징하는 표현이 된 "라떼는 말이야……."

멘탈을 바꿔야 인생이 바뀐다

하는 식으로 말하는 사람들을 보면 타우라는 물질이 많이 축적되면서 본 기억에 손상을 입었을 수도 있겠단 생각이 든다. 대체적으로 실제보다 과장됐다는 게 느껴지고, 결국 자기최면에만 열 올리며 살아가는 듯해서다.

과거가 현재보다 좋을 수 없다

나는 언제나 원하는 것이 타인최면이었기에, 본질을 깨달은 20대 중반 이후부터 좋은 일이 많이 생겼고, 지금도 진행 중이다. 또 미래에도 더 좋은 일이 생기길 바라는 마음을 유지하며 살아가고 있다. 절대 안주하지 않고 있다. 인생은 고도의 집중과 몰입 상태로 내 분야를 더 멋지게 만들어내는 과정이다. 이 인생관에 안주란 단어는 낄 틈이 없다.

개인적으로 지식을 종교 이상의 수준으로 믿는 사람이다. 따라서 내가 나이가 들수록 지식을 추가시키고, 그것을 타인들에게 활용하면서 더욱 발전하고 있다. 이렇게 살아간다면 절대로 과거가 현재보다 좋을 수 없다. 지식을 믿지 못하고, 활용하지 못하는 불쌍한 인생을 살아가는 사람만 자신의 과거에 빠져 산다. 사실 그 사람이 말하는 과거는 현재보다 더욱 지식이 부족한 상태가 아닌가. 그렇게 지식이 부족한 과거를 회상하고, 심지어 그 과거 상황을 부러워하는 것이 얼마나 어리석은 일인지를 알았으면 좋겠다.

새로운 자극이
뇌를 건강하게 해준다

뇌를 건강하게 유지하려면 새로운 자극이 필요하다. 새로운 자극은 과거에 존재하지 않는다. 오직 현재와 미래에만 존재할 뿐이다. 그러니 지금 이 순간을 진심으로 제대로 즐기며 살아가는 것이 뇌를 발전시키는 데 반드시 필요한 자세다. 추억에 잠겨 살게 되면, 그 추억이 뇌를 노화시키고, 발전을 막아버리게 된다. "지금까지 최고의 날은 아직 오지 않았다. 정말로 멋진 날을 만들어 가겠다."는 건강한 멘탈이 필요하다. 이것이 뇌도 젊음을 유지하며, 그 목표를 이룰 수 있는 힘을 제공해 줄 것이다.

4 긍정의 마음은
꾸준히 훈련하는 것이다

태도를 바꿔야
사고도 바꿀 수 있다

　　미국에서 시작된 자기 계발 붐이 전 세계적으로 퍼지면서 '긍정적인 사고'에 대한 사람들의 관심이 높아졌다. 덕분에 긍정을 키워드로 하는 강사와 출간 도서가 쏟아지고 있다. 사실 정상적인 사고를 하는 사람이라면 긍정적인 생각을 하고 싶어 하지 않는 사람은 없을 것이다. 하지만 성장 과정에서 긍정성이 훼손되는 경험을 겪음으로써 부정적인 사고가 생기는 것이다.

긍정적인 사고를 하려면 생각만으로는 불충분하다. 생활에서 나타나는 기본적인 태도, 자세, 표정 등 나를 감싸는 모든 부분을 오랜 시간 동안 긍정적으로 지속해야만 가능하다. 이를 증명하는 심리학 실험을 미국 미시간주립대의 제이슨 모저Moser, J 교수가 한 바 있다. 연구진은 본격적인 실험 전에 참가자들을 대상으로 자신을 긍정적인 사고의 소유자라고 생각하는지, 부정적인 사고의 소유자라고 생각하는지 확인했다. 그 후 이들에게 남성이 여성의 목에 칼을 들이대고 있는 영상을 보여주면서 이 상황을 최대한 긍정적으로 해설해달라고 요청했고, 뇌의 혈류 반응을 관찰했다. 이때 자신을 긍정적인 사고의 소유자라고 밝힌 사람들의 혈류에는 큰 변화가 없었다. 반면, 부정적인 사고의 소유자라고 밝힌 사람들의 혈류는 매우 빨라졌다. 왜냐하면 부정적인 사고의 소유자들은 부정적인 생각을 하는 것이 편안하기에 혈류가 빠르지 않지만, 갑작스럽게 부정적인 상황까지도 긍정적으로 표현하라는 것이 뇌의 과부하를 불러일으켰던 것이다. 이렇게 뇌가 일종의 패닉 상태에 빠진 사람들에게 "지금보다 더 긍정적으로 생각해보세요!"라고 지시했더니 혈류가 더 빨라지는 것을 확인할 수 있었다.

이것을 '백파이어 효과Backfire Effect'라고 한다. 기존에 갖고 있던 정보를 수정하려다가 오히려 기존 정보의 부정적인 측면만 강화시키는 것을 말한다. 부정적인 감정이 팽배한 상황에서 억지로 긍정적으로 받아들이려고 하면, 뇌가 혼란스러워져 과열되는 것이다. 즉, 부정적인 사람이 갑자기 긍정적으로 생각하려고 하면, 자기모순에 빠지면서 오히려 자신의 부정적인 사고를 더 자극해버린다.

실의에 빠진 사람에게 "파이팅!", "힘내!"와 같은 긍정의 말을 전하면 역효과가 나는 것도 바로 이런 메커니즘 때문이다. 이런 사람들에게는 기존에 가지고 있는 생각의 체계를 점진적으로 천천히 바꿀 수 있게 도와줘야 한다. 단순히 생각만으로 감정이나 행동을 긍정적으로 바꿀 수 없다는 것을 알아야 한다. 긍정적인 태도를 갖추어야 사고도 긍정적으로 바뀔 수 있는 것이다.

멘탈을 바꿔야 인생이 바뀐다

감정은 외적 요소에
큰 영향을 받는다

정리 정돈 잘하기, 물건 함부로 던지지 않고 살짝 놓기, 사람들에게 밝게 인사하기, 어깨 펴고 당당하게 걷기 등 이런 사소한 것부터 일관성 있게 긍정적으로 생활해 온 사람이어야 두뇌도 긍정적인 사람이라고 인식할 수 있게 되고, 그제야 긍정적인 존재로 거듭날 수 있다. 우리 감정이 사고방식보다 몸의 움직임처럼 외적 요소에 큰 영향을 받기 때문이다. 그러므로 긍정적으로 살고 싶다면 반드시 긍정적인 '태도'를 습관화 해야만 감정도 사고도 긍정적으로 변화시킬 수 있다.

미국 캔자스대학에서 세 그룹으로 나눠서 진행한 실험이 있다. A는 무표정한 그룹, B는 젓가락 끝을 물어 입꼬리를 조금 올린 그룹, C는 젓가락을 옆으로 길게 물어 크게 미소 짓게 만든 그룹. 그리고 얼음물에 1분간 손을 넣게도 하고, 거울에 비친 대상의 움직임을 평소 잘 쓰지 않는 손으로 따라 하게도 하며, 모든 참가자에게 스트레스 상황을 만든 다음 심박수 측정과 스스로 스트레스를 얼마나 받는지를 평가하게 했다. 그 결과 3번째 그룹이 심박수가 가장 낮았으며, 미소로 인해 스트레스가 억제됐고, 심지어 미소 지을 때 뇌가 기쁘다는 착각을 일으켰다.

미소는 전염된다

실제로 미소는 우리의 스트레스를 줄여준다. 그리고 내가 미소 지으면 상대방의 뇌도 즐거워진다. 타인의 미소를 보면 '기쁨'을 담당하는 뇌의 보수계가 활성화된다. 미소를 보면서 상대방이 미소로 화답하니 긍정적인 상황이 지속되고, 더 자주 만들어지게 된다.

긍정적으로 살고 싶다면 이런 사소한 부분부터 제대로 신경 써서 바꿔나가야 한다. 사소한 것부터 긍정 근육을 키우고, 그것들을 유지해 나간다면, 당신의 인생은 놀랍게 변화할 것이다.

5 배신을 당하는 사람들만의 특별한 징후가 있다

충족되지 않은 욕구는 문제를 일으킨다

정확히 언제인지 기억나지 않지만 아버지가 처음 보는 어른을 데려와 큰아버지 또는 작은아버지라고 부르라고 한 적이 여러 번 있다. 그때마다 나는 그들에게 공손히 인사했고, 아버지는 그들과 자주 만나는 듯했다. 그런데 1년 정도 흘렀을 무렵, 아버지는 그들과 사이가 벌어졌다. 게다가 아버지는 내 앞에서 그들을 욕했다. 당신의 친형제보다 마음이 통한다며 좋은 사람들이라고 소개해놓고, 돌변한 그 모습이 이해되지 않았다. 하지만 어린 마음에 아버지 편을 들며, 그들이 나쁜 사람이라고 추측만 했다.

그런데 커서 생각해보니 아버지가 많은 배신을 당한 이유는 심리적인 문제가 있었기 때문이라는 것을 알게 됐다. 그리고 아버지와 사이가 틀어진 사람들은 서로 동류의 심리적 문제가 있는 이들이었다. 세상에서 제대로 기능하는 강자가 아니기에 서로를 이용하는 방식으로 인연을 맺은 것이었다. 고등학교 국어 선생님이었지만, 여러 번 사기를 당해 빚이 있는 아버지 역시 강자가 아니었고, 내게 소개해준 그들보다도 더 약자였다. 그런 아버지는 자신보다 사회적 약자들을 만나 리더 역할을 하며, 그들에게 인정받고자 하는 욕구가 있었고, 이를 간파한 그들이 아버지의 비위를 맞추면서 행동한 것이었다. 그러나 그들은 얼마 가지 않아 아버지에게 큰돈이 없는 것을 알게 되면서 태도를 바꾸었고, 그들의 전과 다른 모습에 아버지는 큰 배신감을 느껴 사이가 틀어진 것이다. 그래서

멘탈을 바꿔야 인생이 바뀐다

결국 몇백에서 몇천만 원을 그들에게 빌려주거나 그들이 하는 말에 투자를 했다가 돈을 날리는 상황이 반복됐다. 아버지는 속았다며, 배신당했다며, 분노를 터뜨렸지만, 아버지는 어릴 적 아버지에 대한 의존심이 충족되지 못한 것이 해결되지 않았기에 이런 인간관계를 거듭 만든 것이라 분석할 수 있다.

배신의 근본 원인은 나에게 있다

이런 아버지의 과오를 봐왔고, 또 심리학과 잠재의식에 대해 공부하며 사람들을 도왔기에 아버지처럼 배신당할 리 없다고 굳게 믿었다. 그러나 아버지만큼은 아니지만 나도 배신당한 경험이 있다. 할아버지에게 충분한 인정을 받지 못하고 성장한 아버지처럼 나도 아버지에게 제대로 인정받지 못했기에 내게 충성을 한다면서 친밀하게 접근한 사람들에게 과도하게 신경 쓰고, 도왔으나, 끝내 그들만 실익을 챙기고, 나를 등졌다. 당시엔 배신감을 크게 느꼈지만, 시간이 지난 후 나의 부족함이 더 근본적인 문제였음을 깨달았다. 그리고 그 이후엔 배신당할 상황 자체가 생기지 않게 살아가고 있다.

간혹 나에게 지나친 친절과 충성을 다하는 사람들을 볼 때가 있다. 수업이 끝난 후, 직원도 아닌데 매번 수업 비품을 정리하고, 쓰레기를 치우거나, 또 존경한다면서 매번 사진을 찍는다든가 하는 행동을 하는 것이다. 그럴 때마다 원래 타인을 돕고 솔선수범하는 것이 몸에 배어 있는 사람인지, 내게 과잉 충성을 하는 것인지 유심히 살피게 된다. 후자의 경우라면 상대가 자기의 모든 욕구를 다 채워줄 것으로 기대한다. 자기 자신이 상대방의 욕구를 다 채워주니 상대방도 그럴 것이라고 바라는 것이다. 무엇이든 자기가 원하는 것을 모두 해줄 것이란 기대심이 있는 것이다. 그래서 자신의 운명을 송두리째 맡기려고 하는데, 시간이 흐르면서 자기 기대대로 충족되지 않는 일이 쌓이면서 그것이 적개심으로 변하고, 좋았던 마음도 사라져 원수 대하듯 한다.

멘탈을 바꿔야 인생이 바뀐다

기대하지 말고 강자가 돼라

배신감을 자주 느끼는 사람은 자신이 상대에게 지나친 기대를 품고 있다는 것을 깨달아야 한다. 자신이 엉뚱한 기대를 걸었다는 것을 깨닫고 인지해야만 다음에 또 배신을 당하는 일이 생기지 않는다. 또한 정도를 넘어서 지나치게 잘해주고, 친절한 모습을 보이는 사람은 배신할 위험이 더 클 수 있음을 알고 있어야 배신당하는 일도 줄어든다. 상대가 무언가를 해줄 것이라는 기대를 하기 전에, 스스로 멘탈과 실력을 단단하게 만들어야 한다.

6

멘탈 관리로
동안을 만든다

확실한 목표 의식이 젊게 만든다

동안이라는 말을 싫어하는 사람이 있을까? 아마도 없을 것이다. 나 또한 언제나 들어도 기분 좋은 말이다. 예전부터 많이 듣긴 했지만, 지난해부터 매일 꾸준히 운동을 하면서부터는 군살이 빠지고, 근육량이 늘어서인지 젊어 보인다는 소리를 곧잘 듣는다. 자주 만나지는 않지만 동창 모임에서도 차이를 느낀다. 덕분에 주변 사람들이 "따로 먹는 보약이나 영양제가 있느냐?",

"어느 피부과를 다니느냐?" 하면서 젊음의 비결을 곧잘 묻는다. 사실대로 말하자면 나는 평생 피부과 문턱을 넘어본 적도 없고, 보약을 먹지도 않는다. 단지 비타민과 1년 전부터는 단백질 보충제를 챙겨 먹을 뿐이다. 식사는 하루 두 끼, 야식은 전혀 먹지 않는다. 또 술, 담배를 전혀 하지 않는다. 여기까지는 최근 건강을 챙기는 일반인과 별 다를 바 없다. 단지 확연히 차이를 두는 게 있다면 내가 정한 목표를 최대한 의식적으로 상기하며 살아온 것이다.

내 젊음의 비결은 무의식의 훈련이다

내 목표는 언제나 내가 처한 상황에서 고도의 집중과 몰입 상태를 멋지게 잘 만들어 내는 것이기에 궁극적인 목표에 지속적으로 집중하면서 그에 따른 행동을 하면서 살아왔다. '기왕이면 다홍치마'라는 속담도 있듯 수많은 사람을 몰입시키기 위해서는 내가 젊어 보이는 모습이어야 훨씬 유리하다고 생각해 젊음을 유지하길 무의식적으로 원해왔고, 지금도 원하고 있는 중이다.

또 나는 내가 40대이지만 20대에 밀리지 않는 힘과 체력을 갖고 있다고 믿는다. 행여 몸이 약해져도 마음만은 젊은 청년이라고 생각하며 살아간다. 간혹 어디에 긁혀서 몸에 상처가 나면, 확실히 예전에 비해 상처가 치유되는 데 시간이 더 오래 걸리는 것 같긴 하지만, 어쩔 수 없는 노화가 진행되더라도 마음은 나 자신이 젊다고 강력하게 믿고, 이런 나의 노력이 내 노화를 훨씬 늦추리라 확신한다.

1979년 하버드대학 심리학과에서 당시 나이가 70~80대인 남성 여덟 명을 대상으로 실험했다. 한 건물을 빌려서 낡은 가구를 놓고, 흑백 텔레비전과 잡지와 책을 여기저기 비치해, 20년 전인 1959년처럼 꾸몄다. 그리고 그곳에서 5일 동안 생활하게 했다. 조건은 1959년으로 돌아갔다고 믿으면서 그때의 나이가 된 것처럼 행동하는 것이었다. 1959년 이후의 일은 아예 화제로 올릴 수 없었다. 그리고 그 순간부터 그들을 70대가 아닌 50대처럼 대했다. 노인들은 그곳에서 그때의 라디오를 듣고, 영화를 보고, 그 당시 시사 문제를 토론하면서 시간을 보냈다. 또 가족과 경력도 1959년에 맞춰 이야기했다.

결과는 어땠을까? 5일 후 그들은 더욱더 젊어져 있었다. 청력과 시력, 기억력 등이 향상됐고 식욕도 좋아지고, 몸놀림도 빨라졌다. 처음 그곳에 왔을 때 지팡이를 짚거나 자녀들의 도움에 의지했던 사람들이 돌아갈 때는 자기 힘으로 가방을 들고 나갔다.

근본적인 목표 상실을 경계해라

사람들이 흔히 하는 "나이는 숫자에 불과하다."란 말은 맞는 말이다. 하지만 그것이 정말 맞는 말이 되려면 언제나 목표를 생각하고, 자신이 사는 이유를 분명하게 인지하며, 정신을 차린 채로 노력하는 삶을 살아야 한다.

최근 코로나19 상황이 장기화 되면서 많은 사람이 희망을 잃고, 무기력해지고 있다. 하지만 코로나보다 더욱더 경계해야 할 것은 코로나 사태로 자신의 근본적인 목표를 상실하고 방향성을 잃어버리는 안타까운 정신의 빈곤 상태다. 그 어떤 상황에서도 자신의 목표와 방향성은 잃지 말자. 단언컨대, 목표와 방향성만 흔들리지 않는다면, 그 어떤 상황도 이겨내고 극복할 수 있다.

멘탈을 바꿔야 인생이 바뀐다

7   비교보다 존경심으로
내 것으로 만들어라

질투의 마음에서
존경의 마음으로 바꿔라

미국 사회심리학자 레온 페스팅거는 "인간은 남과 나를 비교하는 동물이다."라고 말했다. 사람이 자신과 남을 비교하는 것은 본능적으로 그리고 무의식적으로 일어나는 반응인 것이다. 그런데 그것이 문제를 일으키지 않는다면 다행이지만, 불행하게도 문제를 일으켜, 사람들을 우울하게 만드는 경우가 많다.

20살 이전의 나도 남과 나를 비교하면서 스스로 괴로워했다. 그 와중에 다행이었던 점은 존경하는 위인들이 마음속 깊이 자리 잡게 된 것이었다. 그리고 마음속 스승으로 자리 매김한 사람들에겐 질투가 아니라 깊은 존경심으로 배워서 내 것으로 만들어야겠다는 욕구가 생겼다. 또 인간의 본질을 이해한 뒤로는 성장하기 위해서는 쓸데없는 비교를 하지 않았다. 각 상황과 조건 속에서 나를 믿고, 최선을 다해 노력해야 함을 깨달은 것이다. 그 후 나는 매 순간 더욱 최선을 다해 집중하면서 눈앞의 과제들을 하나하나 해결해 나갈 수 있었다. 그러면서 남들과 경쟁하는 것이 아니라 나 자신을 극복하고 뛰어넘는 의미 있는 경쟁의 날들이 펼쳐졌다.

더 나아가 아무리 대단해 보이는 사람이 있어도 그 사람을 질투하고 부러워하기보다, 그 사람이 어떻게 타인을 최면에 빠지게 하는지를 분명히 분석하면서 따라했다. 그렇게 계속 분석하고, 뛰어난 자들의 발자취를 따르다 보니, 그들이 고마운 존재로 느껴졌고, 그들의 능력을 나만의 스타일로 재탄생시킬 수 있었다.

성공하려면 성공자를 연구해라

성장, 성공을 원한다면 뛰어난 사람과 어울리고, 그들을 연구해야 한다. 그리고 아무리 뛰어난 사람이라도 우리가 알고 있는 인간과 인생 그리고 무의식의 완전한 개념을 알고 있는 사람은 없다는 것을 알면, 현재 초라한 상황일지라도 우월감과 자존감으로 힘든 과정을 버텨낼 수 있을 것이다. 이러한 노력은 결코 배신하지 않고, 지금의 상황을 바꿔줄 것이다.

8

다른 사람 의견에
귀 기울이지 마라

눈치 보지 말고 주인공답게 살아라

남의 눈치를 보고 살아가는 사람이 많다. 한 조사에서 "다수의 의견에 쉽게 휩쓸리는 편인가?"라는 질문에 "그렇다."라고 한 사람이 전체의 30.7%에 달했다. 이렇듯 많은 사람이 스스로 판단하기보다는 주변 사람의 말에 흔들린다는 사실을 알 수 있다. 그러나 문제는 주변 사람들도 이렇다 할 확고한 기준으로 살아가는 사람이 아니다. 즉, 그들이 어떤 말을 하더라도 그 분야의

멘탈을 바꿔야 인생이 바뀐다

전문가인가 아닌가를 구별해야 한다.

남의 의견에 맞춰 살아가는 것은 남의 인생을 살아가는 것이나 마찬가지다. 들러리가 되는 것이다. 주인공이 되고 싶다면 자신의 의견에 확신을 갖고, 다른 사람들에게 의견을 제시하며, 받아들이게 해야 한다. 그렇게 된다면 내가 주인공 자격을 갖춘 것을 상대방이 느끼면서 나에게 함부로 의견을 제시하지 않는다. 그런데 시시콜콜 조언을 한다는 것은 어딘가 자신보다 부족한 부분이 보이니 자신의 의견을 어필하려고 하는 것이다.

반드시 전문가에게 조언 받아라

나는 늘 강조한다. 아무에게나 조언을 받으면 안 된다고. 반드시 지식을 갖추고 삶에 적용해 증명한 사람에게만 조언을 받을 수 있다. 많은 사람이 자신의 가치관에 따라 마음대로 의견을 말하는데, 이러한 주변의 잡다한 소리에 귀 기울이면, 다른 사람 비위나 맞추는 존재가 되고 만다. 사공이 많아 산으로 가는 배가 되는 것이다. 그러니 분명한 목표를 정하고, 그에 따른 기준을 명확히 해 직진해야 한다.

"이렇게 해야 한다." 혹은 "아니다, 저렇게 해야 한다."라며 저마다 그럴듯한 말을 해온다. 하지만 실제로 증명한 사람은 몇 없다. 아니, 전혀 없을 수도 있다. 그런데 우습게도 만약 그 방법을 따라 실패하면 입을 닫는다. 책임지는 사람이 아무도 없다. 혹 결과에 대해 따지기라도 하면 "선택은 네가 했잖아."라거나 "내가 그랬었나?" 하며 오리발 내민다. 왜냐하면 조언이랍시고 그때 한 말은 반사적으로 대충 입에서 나오는 대로 한 것일 확률이 높기 때문이다. 또 각자의 환경과 조건에서 알게 된 지식과 경험의 수준대로 전달하는 수준에 지나지 않는다. 그러니 절대적으로 내게 맞는 의견이 아니다. 그러므로 답은 스스로 찾아야 한다.

멘탈을 바꿔야 인생이 바뀐다

나에게 계속 묻고 답하라

가수 손성훈의 〈내가 선택한 길〉이라는 노래가 있다.

> 이 끝이 절망이라도 다시 못 올 곳이라도 나를 잡아끄는 이 길에 모든 걸 걸었어. 난 결코 쓰러지거나 힘없이 꺾이진 않아.

대략적인 가사 내용이다. 내가 선택한 길이 아무리 어렵고, 고난이 있어도 그 누구를 나무랄 이유가 없다. 사실 어떤 길을 가든, 진리와 법칙을 알고 가면, 감동과 환희의 순간이 만들어진다. 결국 인생은 자신의 정체성과 자신이 하고 싶은 일이 무엇인지 명확하게 알고 살아간다는 것이 중요하다. 이것을 갖추지 못한 사람들은 결국 평범한 사람들의 의견에 계속 휘둘리면서 살아갈 수밖에 없다. 그러니 자신에게 어떻게 살고 싶은지, 무엇을 원하는지, 어디로 나아가고 싶은지를 묻고 답해야 한다.

"나에게 가장 중요한 가치관은 무엇인가?"

"내가 바라는 이상적인 미래상은 무엇인가?"

이 두 질문에 언제나 바로 즉각적으로 망설임 없이 대답할 수 있다면, 남의 의견에 동조해서 인생을 낭비하는 일은 결코 없을 것이다.

9

싫어하는 사람과도
잘 지낼 수 있다

0.02초의 판단을 믿지 마라

누구에게나 호불호의 감정이 있다. 뇌에 무의식적으로 좋고 싫음을 판단하는 장치가 있어서다. 그것은 편도체라는 부위로 보통 위험을 감지해 적신호를 보내는 역할을 한다. 다양한 상황에서 안전한지 위험한지를 순식간에 알아차린다. 가령 숲길에서 뱀을 발견하면 "악! 뱀이다."라고 소리 지르기 전에 몸을 먼저 피하게 된다. 그렇게 몸을 재빠르게 움직일 수 있는 것은 편도체가 뱀을 위험 요소라고 인지해서다. 그 시간은 0.02초에 불과하다. 조건반사적으로 안전한지 위험한지, 좋은지 싫은지를 결정하는 것이다.

사람을 만날 때도 마찬가지다. 자신에게 이로운 사람인지, 해로운 사람인지를 단숨에 판단한다. 그래서 좋지 않은 사람으로 다가오면 부정적인 시선으로 그 사람을 보게 되고, 단점만 보여 싫은 감정이 계속 쌓이고 만다. 그런데 0.02초의 시간을 신뢰하는가. 눈 깜빡할 시간보다 짧은 시간에 누군가를 평가한다는 것은 매우 어리석은 일이다. 그저 뇌에 농락당한 것일 뿐이다.

우리는 서로 용서해야 한다

어떤 사람이건 그 나름의 존재 이유와 쓰임이 있다고 생각해야 한다. 그리고 내가 어떻게 그 사람에게 다가가느냐에 따라 많은 것이 바뀐다는 진실을 현명하게 믿어야 한다. 인간은 완벽하지 않다. 누구나 부족한 점이 있기 마련이며, 실수를 한다. 그러므로 완벽하지 않은 인간은 서로를 용서하면서 살아가야 한다.

남을 욕하면 스트레스가 풀릴 것이라 믿겠지만, 실제로는 그렇지 않다. 잊었던 시시콜콜한 일까지 떠오르면서 상대의 결점이 더욱 강렬하게 남을 뿐이다. 인간의 마음은 무엇에 집중하느냐에 따라서 보이지는 않지만, 강력한 마음의 근육이 생성되기 때문이다.

원만하지 못한 인간관계는 자신이 내뱉은 험담에서 비롯된 것이며, 스스로가 초래한 재앙이다. 정말 싫어하는 사람이 있다면 그 사람의 장점을 종이에 적어보자. '장점이 있을 리가 없어.'라고 생각하지 말고, 자세히 관찰해보길 바란다. 반드시 눈에 보일 것이다. 또 단점은 다른 상황과 조건이라면 역으로 장점이 될 수도 있다.

가능성을 열고 사람을 바라봐라

인생을 단순하게 바라볼 것이 아니라 넓게 바라보도록 노력해야 한다. 부족한 인간은 항상 변화하는 상황과 조건 속에서 적절하게 대응하고, 변화를 이루어야 하니까. 결국 인간관계도 나의 마음가짐에 따라 모든 게 달라진다.

멘탈을 바꿔야 인생이 바뀐다

PART 6

진정한 행복은 결국 당신의 멘탈에 달렸다

1 큰돈을 벌려면 멘탈부터 잡아라

돈에 흔들리는 세상

사람들이 "돈, 돈" 하는 이유는 십중팔구 돈이 부족해서일 테다. 그럼에도 불구하고 돈이 부족한 이유에 대해서 본질적인 분석을 하기보다는, 대다수가 돈을 더 불리는 방법을 찾는 데 집중한다. 더욱이 "주식에 투자해라.", "경매가 답이다." 등과 같은 말이 더는 낯설지 않은 걸 보면, "재테크에 미쳐라."라는 메시지가 전 세대를 아우르며 주입되고 있는 듯하다. 이런 흐름에 따라

멘탈을 바꿔야 인생이 바뀐다

100만 원의 부수입이 생기면 경제적으로 여유로워질 것 같지만, 실상은 그렇지 않다. 평범한 외벌이 4인 가족만 보더라도, 자녀 사교육비로 더 지출하게 되어 정작 남는 건 없다. 그렇게 다시 빠듯한 일상이 되어버린다.

한편 이 같은 현실을 비관해 극단적인 선택을 하는 사람도 있다. 소위 잘나간다는 말을 듣는 대기업에 다니는 사람조차도. 그들이 자살에 이르는 과정을 최대한 단순화해보면 이렇다. 잘 알다시피 대기업은 일이 아주 많은데, 중간 관리자가 되면 스트레스가 극심해진다. 그래서 그만두고 싶지만, 본인만 바라보고 있는 가족들이 눈에 밟힌다. 또 중소기업으로 이직하고 싶어도, 당장 줄어들 월급으로 인해 한창 학령기에 있는 아이들 사교육비를 줄여야 하니, 선뜻 결정하지 못한다. 이러한 진퇴양난의 상황에 빠지면서 어떻게든 버텨보려 하다가 한계를 느끼고, 생을 마감해버리는 것이다.

그런 와중에도 개인의 의지력으로 잘 버텨보려는 사람들 앞에는 명예퇴직의 시련이 기다리고 있다. 어떻게든 회사 생활을 잘해보려고 해도 기업에서 내쫓는다. 그도 그럴 것이 독일은 신입사원과 경력 25년 차의 임금 차이가 1.3~1.7배에 불과하지만, 한국은 3배에 육박한다. 이로써 한국은 부장급이 되면 정리해야 하는 대상이 되어버린다. 고도로 전문화된 일이라면 숙련된 인력이 있어야겠지만, 대개는 표준화된 업무이기에 사원이나 중간 관리자가 하는 일이 비슷해서 연봉을 3배나 주고 고용할 필요가 없는 것이다.

그렇다면 독일에서는 어떻게 부장에게 신입사원 봉급의 1.3배 정도만 지급해도 되는 것일까? 공적 비용을 국가에서 보조하고 있어서다. 그에 더해 사회보장제도가 잘되어 있어서 교육비의 개인 부담이 적어 아이 양육에 있어서도 자유롭다. 반면 한국은 대부분의 비용이 개인의 몫이라서 연차가 쌓일수록 월급을 더 많이 받는 것이 자연스러운데, 그 이유 때문에 부장을 권고사직을 시키거나 해고해 버리니 아이러니한 일이다.

멘탈을 바꿔야 인생이 바뀐다

미래가 사라지다

어떻게 보면 이 모든 것이 기를 쓰고 자녀를 대학에 보내려는 부모들의 가련한 생각에 기인하는 것일지 모른다. 대졸자와 그렇지 않은 사람의 임금 격차가 크기에 자녀가 꼭 대학에 진학하길 바란다. 하지만 막상 대학을 졸업해도 일자리 자체가 부족한 세상이 되어버려, 대학 졸업장도 큰 영향력을 발휘하지 못하고 있다.

그래서일까. 2011년을 기준으로 '현재'에 대한 대화가 '미래'를 넘어서 버렸다. 다시 말해, 'YOLO', '워라밸'과 같은 단어가 등장하면서, 수많은 사람이 미래를 준비하기보다는 현재의 욕구 해소에 치중하는 경향이 높아졌다. 이유는 단순하다. 미래가 없다고 생각하기 때문이다. 미래가 보인다면 돈을 아끼고, 대비를 할 텐데, 도무지 갈피를 잡을 수 없으니, 의미 없는 미래 대신 현재 자기만족에만 충실한 것이다. 그렇다고 미래를 완전히 포기하지는 않는다. 자기 자신은 너무나 소중한 존재이므로. 다만, 주머니 사정이 가벼운 게 문제다.

그럼, 사람들은 자기 앞에 놓인 사실에 순응하며 살아갈까? 아니다. 사람의 욕망이란 억압될지언정 사라질 수는 없기에, 어딘가에서 어떤 식으로든 발현되고 만다. 최근에 '소확행(소소하지만 확실한 행복의 줄임말)'으로 작은 사치의 즐거움을 누리는 사람이 늘어나는 것이 그 반증이다. 암울한 기분을 떨쳐내고 싶지만, 형편이 넉넉하지 않으니, 감당할 수 있는 범위 안에서 기분을 내는 것이라고 볼 수 있다.

특히 취업, 결혼, 출산 등을 포기하고, 연애조차 힘들다고 하는 오늘날의 사회에서는 이런 작은 사치에서 심적 위안을 찾는데, 대략 이런 식이다. 네일아트 하기, 최신 스마트폰으로 교체하기, 레포츠용품 구입 등. 그중에서도 극명하게 두드러지는 형태는 저렴한 가격으로 즉각적인 만족감을 느낄 수 있는 '먹기'다. '먹방' 프로그램이 쏟아지는 이유도 이런 진리를 반영한 것이리라.

멘탈을 바꿔야 인생이 바뀐다

이처럼 인간의 욕망은 사회 전체적 상황과 맥락 안에서 계속 변화하고, 새롭게 구성된다. 그에 따라 어떤 비지니스는 소멸하고, 새로운 비즈니스가 출현해서 빈자리를 채운다.

여기서 내가 말하고자 하는 바는 당신이 돈을 벌고자 한다면, 여러 상황에서 만들어진 욕망 앞에서 의연해야 한다는 것이다. 상황에 흔들리지 않는 강인한 인내심을 지니는 동시에, 역으로는 타인의 욕구나 욕망을 잘 건드릴 수 있는 사람이 되어야 큰돈을 벌 수 있게 된다. 결국 부자가 됐다는 것은 강한 멘탈을 가졌다는 것이고, 멘탈 싸움에서 승리했다는 것을 의미한다.

멘탈은 그냥 강해지는 것이 아니다. 제대로 된 필수 지식을 내면화해야만, 강한 상태로 기능하게 된다. 그러한 면에서 자기 것으로 체화하면, 세상의 본질을 깨닫게 됨은 물론, 어떤 상황에서든 더 현명한 대응을 돕는 내가 운영하는 쎈멘탈 과정과 최면요법 전수반은 당신의 멘탈을 강력하게 해주는 수단이 되어준다.

2   앞날을 내다보는 자는 두려움이 없다

승패가 궁금하면 상대를 읽어라

주나라 무왕이 강태공에게 물었다. "싸움을 하기 전에 적의 허실을 파악하고, 승패를 미리 아는 방법이 있는가?"라고. 그러자 강태공은 "사람을 먼저 파악해야 합니다. 본디 징조란, 정신에서 나타나기에, 적군의 나아가고 물러나는 자세, 움직이고 멈추는 모습, 대화를 주고받는 태도 속에서 승패의 징조를 알 수 있습니다. 가령, 군사들이 흡족해하는지, 장수의 명령을 잘 지키는

지, 활기차게 전공에 대한 이야기를 주고받는지, 반대로 장수의 말에 동요하는지, 유언비어가 떠도는지, 서로 의심하고 있는지 등의 분위기로 짐작이 가능합니다."라고 답했다.

강태공의 말대로 사람의 정신 상태의 수준은 풍기는 분위기나 언행에서 드러난다. 그러니 내가 지금 하려는 일의 결과가 궁금하다면, 내 앞에 앉은 상대부터 살펴볼 것을 권한다.

이렇게 앞날을 내다보게 되면, 큰 무기를 장착하는 것과 같다. 미래를 완벽하게 예측할 수는 없겠지만, 직관력을 갖추면 대부분의 상황에서 현명한 결정을 내릴 수 있어, 두려움도 최소화할 수 있으니까. 이는 수많은 사람이 두려움 때문에 시도조차 주저한다는 사실만 보더라도 아주 중요한 부분이다.

더욱이 시대가 급속도로 변하고, 새로운 지식과 정보가 넘쳐나는 시대에 살고 있는 우리는 중요한 일을 빠르고 신속하게 결정해야 하는 경우가 더 많아지고 있다. 그때마다 충분한 시간을 갖고, 정보 수집하기는 쉽지 않

멘탈을 바꿔야 인생이 바뀐다

다. 그리하여 직관력을 키우지 못한 사람들은 여러 순간에 본의 아니게 실수하며, 잘못된 길로 가곤 한다.

직관력은 성과와 연결된다

나는 개인적으로 직관은 중요한 진리가 내면화된 상태가 되어야 발휘되는 힘이라고 생각한다. 제대로 된 가치 있는 지식을 확실하게 자기 것으로 만들었다면, 아무리 예측하기 힘든 상황이 펼쳐지더라도, 그 시점에 통하는 가장 중요한 진리를 떠올려, 적절한 반응을 즉각 할 수 있게 되니까.

진리가 내면화되지 못한 사람의 눈에는 '어떻게 저런 결정을 쉽게 할 수 있지?', '무슨 용기로 저렇게 행동하지?'라는 생각을 하겠지만, 직관을 갖춘 지혜로운 자의 입장에서는 당연한 결정과 적합한 행동을 자연스럽게 한 것뿐이다.

같은 시간을 살아도, 더 큰 성과를 내고, 성공하는 사람들은 직관력을 갖추었다고 볼 수 있다. 남들보다 더 현명한 선택을 하고, 올바른 결정을 하게 되니, 눈부신 결과물을 내어놓을 수 있는 것이므로.

그러니 직관이 발달했다는 것은 사물 혹은 상황을 대할 때, 표면적인 부분을 보는 데 집중하지 않고, 가장 본질적인 측면을 꿰뚫어 봄으로써 중심을 잃지 않고, 변화하는 흐름을 볼 수 있는 능력을 겸비했다는 의미와 같다.

맑은 정신을 유지해라

직관도 적절한 훈련으로 더 정교하게 가다듬을 수 있다. 최고의 방법은 모든 상황과 모든 사람에게 반드시 통하는 진리와 법칙을 내면화하는 것이다. 참고로 이런 부분을 모아서 집대성한 것이 쎈멘탈 과정이다.

또 다른 방법은 어떤 상황과 마주했을 때, 즉시 탁월한 의사 결정을 할 수 있는 상황별 대응책을 마련하는 것이다. 하나의 예시를 들자면, 대한민국 양궁 선수들은 폭우가 쏟아지고, 돌풍이 부는 상황에서도 활쏘기 연습을

멘탈을 바꿔야 인생이 바뀐다

한다. 또 관객이 많은 경마장 같은 곳에서 갑자기 짧은 경기를 열기도 한다. 이런 과정을 통해 자신이 갖춘 지식과 기량을 여러 돌발 상황에서도 고스란히 발휘할 수 있도록 단련하는 것이다.

승패를 먼저 예측할 수 있는 징조가 있음에도 그것을 발견하지 못하고, 자가당착에 빠지거나, 다 된 일을 놓쳐버리기도 하는데, 이럴 때는 어김없이 정신이 맑지 못한 상태다. 그 원인은 반드시 생각하고 있어야 하는 진리나 법칙을 잊었기 때문이다. 따라서 가치 있고, 의미 있는 진리와 지식을 언제나 놓치지 않는다면, 정신이 맑은 상태로 최상의 선택을 할 수 있음은 물론, 본인의 실력을 향상시킬 수 있다.

3   인생의 희망은
스스로 찾아야 한다

삶의 낙은 멘탈을 지켜준다

하루는 내가 운영하는 카페에 어린 딸이 좋아하는 게 뭔지 물었는데 "동원참치"라고 답했다며, 자기가 무엇을 좋아하는지 모른 채 살아온 것 같다는 글이 올라왔다. 이는 비단 그만의 문제는 아닐 것이다. 주어진 삶의 환경에 맞춰 살아가다 보면, 자기 자신을 돌볼 여유가 그리 많지 않으니까.

그럼에도 불구하고 진정으로 본인의 행복을 원한다

면, 자신이 무엇을 좋아하는지, 어떤 삶을 원하는지를 스스로 확립해야 한다. 그리고 자부심과 긍지를 느낄 만큼 그 방향성에 맞추어 노력하며 살아야 한다. 그러다 보면 자연스럽게 자기를 행복하고 즐겁게 만들어주는 대상을 알아차리게 된다. 타인의 눈치를 보지 않아도 될 정도로 심취하게 되는 기쁨이 생긴다는 뜻이다. 흔히 이를 '삶의 낙'이라고 표현한다.

한편, 낙을 발견하지 못하면 정신이 지칠 수 있다. 그런 점에서 낙은 많을수록 좋다. 이렇게 말하면서도 나는 애써 그것을 찾지는 않는다. 나의 삶의 낙이 가족과 여행하기, 열심히 일하기, 독서, 명작 영화 감상, 바이크 타기(1년에 두 번꼴로 타지만) 정도가 전부인 것만 봐도 알 수 있다. 그러나 다른 사람보다 그 즐거움을 몇 배로 만끽하고 있음을 확신한다. 무엇을 하든 고도의 집중과 몰입 상태를 유지하면, 그 가치를 더욱 깊이 느끼게 되는 진리를 누구보다 잘 알고 있어서다.

그래도 나는 다시 한번 자기 자신을 즐겁게 해주는

낙을 여러 개 준비해둘 것을 추천한다. 왜냐하면 하나만으로는 위태로울 수 있어서다. 만일 때와 장소에 따라 그에 걸맞은 기쁨을 창조해낼 수 있다면, 삶을 행복으로 채워나간다고 볼 수 있다. 이때 열등감을 잠재우기 위해 남이 하는 행동을 무조건 따라 하는 것과는 구별해야 한다. 그러한 실천은 진정한 맛을 느끼기에는 부족하기 때문이다. 한마디로 삶의 낙은 스스로 찾아야 한다.

희망의 불을 꺼트리지 마라

낙과 비슷한 것으로 '희망'이 있다. 아무리 좋은 환경과 최고의 재능을 갖추고 있어도, 희망이 없는 인생은 등불이 꺼진 암흑과 같다. 현재가 아무리 비참하더라도, 희망을 품은 사람은 기필코 다시 일어난다.

제2차 세계 대전 당시 수용소에 갇혀 있다가 연합군이 승리하면서 살아나온 빅터 프랭클은 희망의 중요성을 체험을 통해 관찰했다. 많은 유대인이 자신만 살아남기 위해 동포를 배반했지만, 결국 그들 역시 죽거나, 미쳐버리거나, 자살로 최후를 맞이했다. 반대로 수용소 밖에서 자신을 기다리는 사람이 있거나, 남겨둔 사업체가 있고, 혹은 본인의 재능에 자부심이 있는 즉, 일말의 희망이 있는 사람들은 질병에도 잘 걸리지 않았을뿐더러, 끝내 수용소에서 벗어나 새로운 삶을 이어갔다는 것이 그가 지켜본 결과다.

많은 사람이 사랑하는 O.헨리의 단편소설 「마지막 잎새」도 같은 맥락이다. 어린 소녀가 폐렴에 걸려 누워있는데, 창가의 나뭇잎이 하나씩 떨어지는 것을 지켜보다가, 마지막 잎이 떨어지면 자신의 목숨도 끊어질 것이라고 했다. 옆방에 있던 화가가 이 소리를 듣고는 소녀 몰래 담벼락에 나뭇잎 하나를 그려 놓았고, 떨어지지 않는 그 나뭇잎에 희망을 가진 소녀가 기적적으로 회복했다는 스토리다. 이는 희망의 위대한 역할을 작가의 통찰력으로 감동적으로 풀어낸 것이라 할 수 있다.

두 사례에서뿐만 아니라 희망은 많은 부분에서 긍정

적인 영향력을 끼친다. 그러니 우리는 절대로 희망을 잃어서는 안 된다. 혹 희망이 보이지 않는다면, 스스로 희망을 찾아내고, 창조해야 한다. 그 방법은 언제나 세상을 관통하는 진리를 내면화한 상태로 사람들을 돕는 것이다. 쉽지는 않겠지만, 꾸준한 훈련으로 충분히 해낼 수 있다.

멘탈을 바꿔야 인생이 바뀐다

4 　내 안에서
사랑과 인정을 찾아라

마음을 깨닫는 연습을 해라

지금까지 내 경험상 언제나 도리 지키기를 강조하는 사람은 본인은 그렇게 하지 않는 경우가 많았다. 가령, 자신은 자식으로서 부모에게 할 도리를 다하지 못하면서, 자기 자녀에게는 그렇게 해주길 바라고, 강요하는 것이다. 또 형제에게 잘해주지 않으면서, 다른 형제의 태도에 반기를 든다. 마치 똥 묻은 개가 겨 묻은 개 나무라는 격이다.

이를 정신 분석에서는 '투사'라고 한다. 쉽게 설명하자면, 남에게 드러내기 싫고, 스스로도 인정하기 싫은 마음을 타인을 통해 보는 현상이다. 세상의 모든 문제와 다툼은 여기에서 비롯되므로, 갈등을 제거하려면 투사를 없애야 한다. 그 방법은 자기 마음을 깨닫는 데서 시작한다.

설명을 더하자면, 투사의 마음은 사랑과 미움에서 만들어지는데, 상대방에게 사랑을 갈구하고 있음을 인지하고, 이를 벗어나고자 하는 노력을 하면, 투사로부터 멀어질 수 있다.

사랑을 갈구하면 내가 사라진다

조금 더 이해를 돕기 위해 하나의 예시를 공유해본다. 정신 분석 치료 시 환자와 치료자의 관계가 원만해지면, 환자는 치료자의 사랑, 관심, 인정이 자기에게 집중되길 바라고, 의지하는 경향이 강해진다. 마치 어린아이가 어머니에 대한 사랑을 갈구하는 것과 같다. 또 이 욕구는 너무 커서, 치료자가 아무리 애를 써도 밑 빠진 독에 물을 붓는 것처럼 환자를 충족시키기 어렵다. 그리하여 정신 분석과 같은 통찰 치료에서는 환자가 치료자에게 필연적으로 미운 감정이 생길 수밖에 없다. 그런데도 환자는 그런 감정을 감추고, 억압한다. 속마음을 들키는 순간 사랑을 받지 못할 것이라고 판단하기 때문이다. 이에 불안감, 죄책감, 자학 등 여러 가지 증세를 나타낸다.

환자는 부모로부터 받아야 할 사랑을 받지 못해 문제가 생긴 것이다. 그렇기 때문에 치료자는 환자가 사랑과 미움에 대한 생각을 감추지 말고, 표현하도록 유도한다. 그 과정에서 장애의 원인이 되는 사랑과 미움의 근원을 인식하는 연습을 되풀이함으로써, 여러 감정의 소용돌이에서 완전히 빠져나올 수 있도록 돕는다. 그리하여 사랑받고자 하는 욕구가 줄어들면, 멘탈이 건강해지고 있다는 증거다.

나는 오랜 시간 정신이 건강하지 못한 사람을 만나 상담을 했다. 흔히 그들을 자기밖에 모르고, 남의 사정을 개의치 않는 것처럼 보지만, 내가 느낀 바는 다르다. 실제로 그들의 마음속에는 진정한 자기 자신이 없었고, 대신 병든 마음으로 만들어낸 남으로 채워져 있었다.

'나'부터 인정하고 사랑해주기

정신 건강과 인격의 성숙 정도는 사람마다 다르겠지만, 정신 건강의 최고 경지는 석가가 출생 후 외쳤다고 하는 '천상천하 유아독존'이 아닐까 한다. 인간이 힘들어하는 근본적인 이유는, 외부로부터 사랑과 인정을 받으려고 하는 마음을 놓지 못하기 때문이다. 그러나 스스로 나를 충분히 인정하고, 사랑하게 되면, 그런 강박증이 사라진다. 비로소 욕망도, 사심도, 망상도 없는 진정한 자기 자신을 찾게 되는 것이다.

불교에서는 본래 모든 인간이 부처가 될 수 있는 가능성을 지니고 있지만, 무명의 구름에 의해 중생을 벗어나지 못한다고 한다. 여기서 무명은 사랑을 갈구하지만, 그 욕구를 충족하지 못해 미움이 생기고, 미움을 드러냈

다가는 사랑을 받지 못할 것 같은 불안함에 감정을 억압하고, 그로 인해 사랑에 대한 갈구가 더욱 강해지는 현상을 뜻한다. 이렇게 사랑과 미움이 악순환을 벗어나지 못하는 것을 윤회라고 일컫는다.

이처럼 괴로움을 안겨주는 구름을 걷어내고, 밝음을 찾으려면, 지혜가 있어야 한다. 그리고 그 지혜는 오랜 시간 무의식을 공부하며, 자신을 통찰하는 노력을 통해 얻을 수 있다.

물론, 사랑이나 인정을 어느 정도 받지 않으면, 건강한 정신을 갖춘 인간이 될 수 없는 것도 사실이다. 반대로 사랑과 인정을 너무 많이 받고 자라면, 그것에 중독되어서 인정이나 칭찬이 오지 않게 될 때, 심인성 증상을 겪게된다.

기억해둘 것은 성숙한 사람은 자기 자신을 인정하고, 사랑하므로, 남에게서 이런 것을 바라지 않는다는 점이다. 그러니 제3자는 무시하면서 자기를 사랑하고, 인정해달라고 매달리는 행동으로 스스로 미숙한 사람이라고 알리지 말고, 나 자신부터 아끼고, 보살펴주길 바란다.

5

스트레스를
확실하게 줄이는
현명한 방법

**문제 해결법을 알면
스트레스에서 멀어진다**

스트레스를 심하게 받고 있다면, 어떤 문제에 봉착해 있다는 뜻이다. 이를 해소하려면, 그 근원을 뿌리째 뽑아야 하는데, 여기에는 여러 가지 방법이 있다. 자신이 스트레스라고 받아들일 만큼 힘들어하는 부분을 이미 풀어낸 존재가 집필한 책을 읽거나, 직접 만나서 노하우를 전수받는 것이다. 이로써 우리는 고통스러운 상

멘탈을 바꿔야 인생이 바뀐다

황에서 벗어나는 지식을 얻고, 배운 대로 직접 실행으로 옮기면서, 긍정적인 방향으로 옮겨간다.

물론 이 방식도 좋지만, 알아두면 도움이 될 내용이 있어 여기에 공유해본다. 그것은 바로 문제 해결법을 알면, 실제로 문제가 해결되기 전에 스트레스가 줄어든다는 사실이다. 인간은 자신이 겪고 있는 문제가 해결되지 않았더라도, 해결책을 아는 것만으로도 답답함을 느끼는 강도가 급격히 줄어들게 되므로. 이를 뇌과학적으로 증명한 실험이 있다.

A와 B, 두 개의 상자에 실험용 쥐를 한 마리씩 넣고, 전기 충격을 가했다. 단, A상자에만 전기 충격을 멈출 수 있게 하는 지렛대를 설치해, 그 지렛대를 밟으면, 두 상자 모두 전기 충격이 멈추도록 설정했다. 결과적으로 두 쥐가 받는 전기 충격 회수와 시간은 동일했다. 얼마의 시간이 흐르고 A상자의 쥐는 전기 충격을 멈추는 법을 학습했다. 그렇다면 A와 B 중 어느 상자의 쥐가 더 많은 스트레스를 받았을까? 예상했겠지만, B상자의 쥐였다. 그리고

눈에 띄게 쇠약해지기도 했다. A상자의 쥐는 지렛대를 밟음으로써 스스로 전기 충격을 제어할 수 있었지만, B상자의 쥐는 아무것도 할 수 없는 상태에서 무방비로 전기 충격을 받아야했기 때문이다. 한편 고통을 제어하는 방법을 알고 난 후로는 A상자의 쥐는 불안과 스트레스 지수가 월등히 낮아졌다.

언어로 불안한 뇌 잠재우기

두려움은 무엇에 집중해야 할지 모를 때 생겨나는 것으로, 적재적소에 필요한 지식을 잘 활용하는 사람에게는 불필요한 감정이다. 스트레스도 마찬가지다. 자신이 어떻게 해야 할지 알 수 없는 상태에 놓일 때, 가장 심해진다. 따라서 스트레스 상황의 대처법이나 해결책을 찾아본 후, 그것이 조절 가능하다는 것만 인지해도 일정 부분 사라진다. 상황이 전혀 개선되지 않더라도 말이다.

멘탈을 바꿔야 인생이 바뀐다

뇌과학연구에 따르면, 불안은 뇌의 편도체 부위와 관련이 있다. 편도체가 흥분하면, 불안감이 엄습하는 것이다. 우울증 환자가 항상 불안해하고, 무엇이든 부정적으로 받아들이는 것도, 편도체가 언제나 흥분 상태에 있기 때문이라고 볼 수 있다. 이를 반대로 적용해보자면, 편도체의 흥분을 진정시킬 수만 있으면, 불안감을 잠재울 수 있다.

그렇다면 어떻게 편도체의 흥분을 가라앉힐 수 있을까? 뇌과학 분야에서 밝힌 바에 의하면, 뇌에 '언어 정보'가 투입되면, 흥분했던 편도체가 잠잠해지고, 그에 따른 부정적인 감정이 서서히 사라지며, 결단력도 좋아진다고 한다.

아이들이 배가 아프다고 할 때, 엄마들이 "엄마 손은 약손"이라고 하면서 배를 문지르면, 실제로 아픔이 사라지는 기분을 느끼는 것이 대표적인 사례다. 이는 확실한 집중과 몰입을 시킬 수 있는 엄마로서 무의식에 암시를 확실하게 전달했기에 좋아진 부분도 있겠지만, 언어 정보에 의해서 불안했던 뇌가 점차 잠잠해지는 것이다. 이렇듯 언어는 인간의 불안을 완화해주는 역할을 한다.

스승의 자격을 갖춘 사람을 찾아라

언어 정보를 다른 사람에게서 얻는 것이 가장 효과적이지만, 질적인 부분이 문제가 될 수 있다. 확실하게 증명된 지혜로운 자에게서 듣는 언어 정보가 아닐 때는 찰나의 위로를 받을 수는 있겠지만, 장기적으로 봤을 때는 시간 낭비가 되기도 하기 때문이다. 그럼에도 불구하고 많은 사람이 불안하면 일단 누군가를 만나고, 대화하기를 즐긴다. 그도 그럴 것이 스트레스 상황이 개선되지 않더라도, 당장 느끼는 불안감은 해소되니까.

분명히 말하지만 스트레스 상황에서 완벽하게 벗어나고 싶다면, 스승의 자격이 검증된 사람에게만 언어 정보를 받으려는 노력을 해야 한다. 그러려면 일단 좋은 책을 읽어야 한다. 세상에 스승이 없는 사람이 왜 그렇게 많을까? 그 이유는 스승을 알아차릴 만한 지식이 형성되어 있지 않아서다. 그런 지식 부족 상태로 그저 아무나 만나서 잡다하고, 저급한 언어를 받아들이며, 자신을 위로하는 단순한 습관에 빠지고 있는 형국이 안타깝기만 하다.

자신을 진정으로 위로해 주고, 스트레스의 본질적인 해소는 세상을 관통하는 진리와 스승을 통해서만 가능하다는 것을 다시 한번 강조하고 싶다.

6 진정한 행복으로 가는 길

행복을 만드는 주체는 '나'이다

사람들에게 왜 사느냐고 물으면, 십중 팔구 행복하기 위해서 산다고 답한다. 그러나 뒤이어 지금 행복하냐고 질문하면, 그렇지 않다고 하는 답변이 대다수다. 행복한 삶을 위해 언제나 노력하는데도, 왜 보통의 행복은 멀게만 느껴지는 걸까? 이러한 이유로 확실하게 행복해지는 법을 누군가 알려주길 바라기도 한다.

실제로 나는 어릴 때 여기에 대한 고민을 진지하게

하면서 20대에 답을 찾았고, 현재도 행복하게 살고 있음에 그 방법을 알려주려고 한다.

"행복이란 무엇일까?", "어떻게 하면 행복해질 수 있는가?" 이 질문은 아주 예전부터 철학자, 종교인, 사상가, 정치가, 사회학자 등 다양한 분야의 현인들이 다뤄온 주제다. 하지만 결론이 하나로 모여지지는 않았고, 앞으로도 그럴 것 같지는 않다. 어찌 보면 이는 당연하다고 할 수 있다. 사람마다 처한 상황과 조건이 다른데, 절대적으로 통하는 행복법을 찾기가 쉽지 않을 테니까.

한편, 나는 인간의 행복도 결국 고도의 집중과 몰입 상태에 달려있다는 것을 깨달았고, 이 진리를 통해 남들보다 행복하게 살아올 수 있었다. 행복을 만드는 주체가 '나'임을 확신하게 된 후로 꾸준히 노력하며 행복한 순간을 계속 만든 것이다. 이렇게 궁극적으로 행복을 창조하는 삶을 살아가면 되지만, 말처럼 쉽지만은 않다.

세로토닌 vs 옥시토신 vs 도파민

여기서 잠시 행복을 뇌과학적 측면에서 살펴보자. 행복감을 느낄 때 뇌에서는 세로토닌, 옥시토신, 도파민 3개의 전달 물질이 나온다. 이 모두 행복감을 만들어 내지만, 각각 결이 매우 다르다.

먼저 세로토닌은 몸과 마음의 건강이 전제된 상태에서 만들어진다. 아침에 일어나 '날씨가 좋아서 기분이 좋다.', '오늘도 즐겁게 보내야지.'와 같은 적극적이고, 긍정적인 마음이 든다면, 세로토닌이 잘 분비되고 있는 것이다. 반대로 세로토닌 수치가 낮으면, 불안과 걱정에 휩싸이게 되면서 부정적인 생각에 사로잡히고 만다.

다음으로 옥시토신은 사랑하는 사람들과 즐거운 시간을 보내면서 유대감과 사랑을 느낄 때 내보내진다. 혹은 이타적인 행동을 하거나, 타인의 배려를 받을 때도 배출된다. 봉사활동을 하거나, 사회에 기여를 하면서 주고받는 감사의 마음과 관련이 있다.

마지막으로 도파민은 무언가를 달성했을 때 흐른다. "야호! 드디어 해냈다."라고 외치게 만드는 감정, 즉 성취감을 느끼면서 얻어지는 행복감으로 이해하면 된다.

이 설명을 들은 당신은 세로토닌과 옥시토신, 도파민 중에 어떤 전달 물질이 주는 행복감에 마음이 가는가? 그건 각자의 가치관에 따라 다를 것이다. 그런데 일반적으로는 도파민성 행복을 추구하는 경향이 큰 듯하다. 수많은 현대인이 '부자가 되고 싶다.', '성공하고 싶다.', '좋은 차를 갖고 싶다.'와 같은 바람을 품고 있으니까.

가장 기본적인 행복을 만나라

그런데 이를 반론하는 주장이 있다. 미국 프린스턴 대학교 명예 교수이자 노벨 경제학상을 받은 대니얼 카너먼 박사가 소득과 행복의 관계를 보여주는 연구에서 소득 증가에 의한 행복 지수는 한계가 있다고 발표한 것이다. 더 정확히는 연 소득 7만 5,000달러(약 8,200만 원)가 넘으면, 행복 지수가 더는 크게 늘지 않는다고 했다. 연 소득은 1억이 넘지만, 과도한 업무에 시달리다가 우울증에 걸리거나, 가정이 붕괴되는 위기를 맞게 되는 사람의 이야기를 종종 듣게 되는 것도 같은 이유다.

그러한 점에서 나는 세로토닌이 주는 행복이 가장 소중하다고 생각한다. 이는 몸과 마음의 건강이 온전할 때 실감할 수 있는 것으로, 가장 기본적인 행복이다. 그다음이 옥시토신, 도파민 순이다.

일상적으로 마음과 인간관계가 안정되면, 즉 세로토닌성 행복과 옥시토신성 행복이 충족되면, 엄청난 부자가 되거나, 사회적으로 큰 성공을 이루지 않아도, 행복하게 살아갈 수 있다. 이 두 가지가 전체 행복의 토대를 이루는 전제 조건이란 사실을 깨닫지 못하는 사람은 도파민성 행복을 아무리 많이 얻게 될지라도, 진정한 행복을 알 수 없을 것이다.

멘탈을 바꿔야 인생이 바뀐다

내 아버지는 한평생을 고등학교 선생님으로 살아오셨다. 아버지는 배울 점이 많은 분이었지만, 남을 쉽게 잘 믿으셨다. 어렸을 때 아버지가 크게 사기를 당하면서, 우리 집은 급격히 힘들어졌다. 내가 20살 때 이미 집안의 빚이 2억 원을 넘긴 상태였고, 집안의 모든 수입은 대출 이자를 갚는 데 나갔으며, 마이너스 통장으로 생활해야 했다. 정말 지독하게 가난한 시절이었다.

그렇지만 이런 경제적인 상황보다, 나를 더 힘들게 하는 것은 따로 있었다. 부모님의 불화와 잦은 다툼, 폭력적인 환경. 나는 그 때문에 항상 정신적으로 주눅 들어 있었다. 공부보다 오늘 하루 아무 일 없이 무사히 지나가는 것이 더 중요했고, 집안의 빚이 계속해서 쌓여가며, 부담감과 압박감은 점점 더 커져갔다.

그렇게 어렸을 때부터 늘 경제적으로 어려운 생활을 했기 때문에 무언가를 돈 주고 배울 환경이 안 돼, 독학으로 대부분을 해결했다. 힘든 멘탈을 어떻게든 부여잡고 싶어 '심리'와 '최면'에 대해 꽤 오랜 시간 책을 읽으며 공부했다. 그리고 이때 읽었던 책들이 지금의 나를 만들어준 자양분이 됐다.

대학 다닐 때, 내 인생에서 처음이자 마지막으로 돈 내고 교육을 들은 적이 있다. 방송에서 김영국 교수가 최면으로 유명세를 타고 돈을 버는 모습을 보고 난 뒤, 그를 찾아가 130만 원을 내고 10시간 정도 교육받았다. 사당역의 한 허름한 사무실에서 교육을 들은 기억이 나는데, 그 당시의 나로서는 굉장히 큰돈을 지불한 것이다.

교육을 들은 후에는 나도 바로 돈을 벌어야겠다 싶어서 당시 PC통신이라고 불렸던 천리안, 하이텔, 나우누리에 최면코칭 광고 글을 올렸다. 가진 사무실도 없었고,

멘탈을 바꿔야 인생이 바뀐다

카페라는 개념도 없었기에 첫 고객은 맥도날드에서 코칭을 했다. 하지만 시간이 지날수록 사람들의 호응도 커지고, 입소문까지 나면서, 주말에는 성인 4~5명씩 모아 가르치기도 했고, 기숙학원에 스카웃이 되어 최면심리학으로 많은 학생의 성적을 올렸으며, 다양한 성과로 개인 센터를 차릴 수 있게 됐다.

지금 운영하고 있는 유튜브 채널 〈박세니마인드코칭〉은 2019년에 시작했다. 그리고 몇몇 대형 유튜브 채널에 출연하면서 빠르게 성장했고, 성인 수강생이 센터에 몰려들기 시작했다. 유튜브 외에는 마케팅을 거의 하지 않았는데도 불구하고 강의를 들은 분들이 가족, 친구, 지인, 동료들을 계속해서 데리고 왔다. 내 강의는 가족 또는 지인의 소개로 오는 수강생 비중이 굉장히 높다는 게 나의 큰 자부심 중 하나다.

그러나 2020년에는 코로나가 터졌고, 나를 포함해 오프라인 강의가 중심이었던 대부분의 교육업계와 강사들은 패닉에 빠질 수밖에 없었다. 하지만 나는 멘탈 전문가뿐하게, 내가 컨트롤 할 수 있는 것에 집중하기로 했다. 그리고 이 결심이 내 인생의 또 다른 터닝 포인트를 만들 수 있었다. 코로나를 계기로 오프라인뿐만 아니라 책, 온라인 강의 등으로 시장을 넓혀야겠다는 생각을 했고, 그 결과물로 『어웨이크』, 『초집중의 힘』을 출간했으며, 〈클래스101〉, 〈클래스유〉에서 온라인 강의를 런칭하기도 했다.

이렇게 2020년, 2021년을 미친 듯이 보냈더니 어느 순간부터 오프라인 강의가 모두 마감됐고, 온라인에서도 굉장히 많은 분의 인생을 바꿀 수 있게 됐다. 그렇게 월수입도 기하급수적으로 늘어, 현재는 평균 3~4억 원을 벌고 있다.

앞서 말했듯, 나에게도 스스로 정신병이었다는 생각이 들 정도로 갑갑하고, 불행했던 시절이 있었다. 그러나 지금은 그것을 완전히 치유한 사람으로서, 이 책에 어떻게 가난이라는 정신병을 극복했고, 어떤 방식으로 내가 부자가 됐는지에 대한 솔직한 이야기를 담으려 노력했다. 누구에게나 가난과 시련은 찾아온다. 하지만 중요한 건이 가난과 시련을 이겨내지 못하고 무너지느냐, 아니면 강력한 멘탈과 자기 확신으로 무장해 극복하느냐에 따라 삶이 180도 바뀐다는 사실이다.

앞서 언급한 모든 이야기는 내가 직접 겪은 경험을 바탕으로 쓴 글이며 당신이 부자의 삶에 한층 더 다가설 수 있게 해주는 현실적인 방법이다. 누구나 부자가 될 수 있다. 그러니 부디, 당신이 '나는 못해.', '그거 타고난 사람만 되는 거야.'라는 가난한 자들의 전형적인 마인드를 타파하고, 부자의 마인드를 함양해, 보다 나은 인생을 살길 진심으로 바란다.

멘탈을 바꿔야 인생이 바뀐다

ⓒ박세니, 2022

초판   1쇄 발행 2022년 5월 3일
개정판 1쇄 발행 2023년 5월 24일
개정판 9쇄 발행 2024년 1월 31일

지은이	박세니
편집인	권민창
책임편집	윤수빈
디자인	지완
책임마케팅	윤호현, 김민지, 정호윤
마케팅	유인철
제작	제이오
출판총괄	이기웅
경영지원	박상박, 박혜정, 최성민

펴낸곳	㈜바이포엠 스튜디오
펴낸이	유귀선
출판등록	제2020-000145호(2020년 6월 10일)
주소	서울시 강남구 테헤란로 332, 에이치제이타워 20층
이메일	mindset@by4m.co.kr

ISBN	979-11-91043-76-1 (03190)

마인드셋은 ㈜바이포엠 스튜디오의 출판브랜드입니다.